Kampagne gegen Zwangsumzüge (Hrsg.)

Wohnst du noch oder haust du schon?

Zur Wohnungsfrage nach dem SGB II

©2007 **Fachhochschulverlag**
DER VERLAG FÜR ANGEWANDTE WISSENSCHAFTEN

Kampagne gegen Zwangsumzüge (Hrsg.)
Wohnst du noch oder haust du schon?
Zur Wohnungsfrage nach dem SGB II

Verfasser: Anne Allex
          Peter Nowak (Kapitel 11:
          Widerstand gegen Wohnungsraub)
Fotos: Lothar Eberhardt (kappa-photo)

© 2007 Fachhochschulverlag
ISBN 978-3-936065-84-8

DTP:
Sarah Kalck und Monika Weiland
auf Apple Macintosh Power PC

Druck und Bindung:
ELEKTRA Reprografischer Betrieb
65527 Niedernhausen

Preis:
Das Buch kostet je Exemplar 8,– €
(zuzüglich Portokosten)

Bestellungen:
Fachhochschulverlag
Kleiststraße 10, Geb. 1
60318 Frankfurt am Main

Telefon (0 69) 15 33–28 20
Telefax (0 69) 15 33–28 40
bestellung@fhverlag.de
http://www.fhverlag.de

Unser Dank gilt den InitiatorInnen der Kampagne gegen Zwangsumzüge,
Ellen Dietrich (Oberhausen), Peter Grottian (Berlin), Wolfgang Joithe (Hamburg)
und Pia Witte (Leipzig), der Stiftung »Menschenwürde und Arbeitswelt« und
der Bewegungsstiftung, engagierten JournalistInnen von Neues Deutschland,
taz, Junge Welt, Motz, Berliner Mietergemeinschaft, kappa-photo und speziell
der Journalistin Kirsten Huckenbeck vom express (Zeitung für sozialistische
Betriebs- und Gewerkschaftsarbeit).

INHALT

1 **Einleitung** 8

2 **Wohnung wird unsicher** 11
2.1 Wohnen kein Grundrecht 11
2.2 Wohnen oder Unterkommen? 13
2.3 Massenauszüge drohen 15
2.4 Aus für Mietschuldner 17

3 **Selbstbestimmt Wohnen passé** 19
3.1 Freizügigkeit ade 19
3.2 »Zwangsverheiratung« 22

4 **Vertreibungen haben begonnen** 24
4.1 Zu Art und Umfang der Vertreibungen 24
4.2 Unklare Maßstäbe für Mietobergrenzen 30

5 **Billiger Wohnraum fehlt** 37
5.1 Keine Wohnungen für Arme 37
5.2 Kommunale Wohnungsprivatisierung 41

6 **Das Drama mit der »zweiten Miete«** 44
6.1 Heiz-, Strom- und Betriebskostenexplosion 44
6.2 Fehlende oder überholte Angemessenheitsmaßstäbe 45

7 **Rechtsunsicherheit im Vollzug** 49
7.1 Rechtswidrige Aufforderungen 49
7.2 Willkür in Optionskommunen 51
7.3 Einzelfallprüfung ade 52
7.4 Fehler bei der Rechtsanwendung 53
7.5 Keine Information – keine Beratung 57

8 **Prekär Wohnen** 60
8.1 Mietdifferenz selbst zahlen? 60
8.2 Soziale Bindungen gekappt 61
8.3 Kein Platz für mitsorgende Väter 63
8.4 Leinenzwang 65
8.5 Zurück zu den Eltern 67

9 **Phantom – Wohnungsbeschaffungs- und Umzugskosten 69**
   9.1   Keine Zusicherungen **69**
   9.2   Verwaltungsrichtlinien sind Makulatur **69**
   9.3   Das Kreuz mit den Umzugskosten **71**
   9.4   Wirklichkeit der Wirtschaftlichkeitsberechnung **73**

10 **Zwangsumzüge »gibt es kaum« 75**
   10.1   Umzug und Räumung als Medienereignis **75**
   10.2   Zwangsumzüge – das unbekannte (Un-)Wesen **76**
   10.3   Sparen und Qualitätsmängel zulasten der Alg II-BezieherInnen **77**

11 **Widerstand gegen Wohnungsraub 79**
   11.1   MieterInnen in Bewegung – ein (fast) vergessener Kampf (Peter Nowak) **79**
   11.2   Kampagne gegen Zwangsumzüge **83**
   11.3   Politische Forderungen **87**

Anhang 89
   A   Notruftelefone, Internetseiten **90**
   B   § 22 SGB II Leistungen für Unterkunft und Heizung **94**
   C   Literatur **97**

Bertolt Brecht
Vier Aufforderungen an einen Mann
von verschiedener Seite zu verschiedenen Zeiten

Hier hast Du ein Heim
Hier ist Platz für deine Sachen.
Stelle die Möbel um nach deinem Geschmack
Sage, was du brauchst
Da ist der Schlüssel
Hier bleibe.

Es ist eine Stube da für uns alle
Und für Dich ein Zimmer mit einem Bett.
Du kannst mitarbeiten im Hof
Du hast deinen eigenen Teller
Bleibe bei uns.

Hier ist Deine Schlafstelle
Das Bett ist noch ganz frisch
Es lag erst ein Mann drin.
Wenn Du heikel bist
Schwenke deinen Zinnlöffel in dem Bottich da
Dann ist er wie ein frischer
Bleibe ruhig bei uns.

Das ist die Kammer
Mach schnell, oder du kannst auch dableiben
Eine Nacht, aber das kostet extra.
Ich werde dich nicht stören
Übrigens bin ich nicht krank.
Du bist hier so gut aufgehoben wie woanders.
Du kannst also dableiben.

Die Gedichte von Bertolt Brecht in einem Band,
Suhrkamp Verlag, Frankfurt am Main 1981.

1 EINLEITUNG

Das Büchlein will über die Vertreibung von Menschen aus ihren Wohnungen und über die Gegenwehr informieren. Eine Ursache für die Vertreibung ist das von der rotgrünen Bundesregierung durchgesetzte Sozialgesetzbuch II (SGB II). In § 22 SGB II ist geregelt, dass die Kosten der Unterkunft und Heizung (KdU) erwerbslosen Hilfebedürftigen nach in der Regel sechs Monaten nur noch als angemessene Kosten zu gewähren sind; es sei denn, die Kostensenkung ist nicht zumutbar oder nicht möglich. Im Vergleich zum Bundessozialhilfegesetz (BSHG) erfasst die Vorschrift wesentlich mehr Menschen.

»Die Aufforderung, die Kosten ihrer Unterkunft zu senken, ist faktisch ein Zwang zum Umzug und bedroht diese Menschen in ihrer ureigensten Privatsphäre. Ihre letzte Rückzugsmöglichkeit, das eigene Zuhause, ist nicht mehr sicher.«[1]

Das Büchlein soll zur Aufklärung und Erhellung der Verwaltungspraxis, zum Geradebiegen der Ansichten über den § 22 SGB II und zur Bedeutung der kommunalen Richtlinien beitragen. Gesetze, Verwaltungsvorschriften und -praxis sowie Rechtsdurchsetzung sind verschiedene Paar Schuhe. Die Rechte nach dem Gesetz müssen geltend gemacht werden. Bundesweite und kommunale Verwaltungsvorschriften sind zu veröffentlichen; die Veröffentlichung der Verwaltungsvorschriften sind zu erstreiten und rechtswidrige zu skandalisieren und lautstark zu verhindern. Die Verwaltungspraxis ist auch Sphäre der demokratischen Mitwirkung, nicht nur Gegenstand des öffentlichen Interesses. Wenn Bürgerinnen und Bürger massenhaft individuelle Rechte geltend machen und gemeinsam protestieren, ist sie durch kommunale Gremien beeinflussbar.

Die Vertreibung aus der angestammten Wohnung verletzt elementare humane Grundsätze. Deshalb ist Widerstand unerlässlich.

»Die schwerbepackte Figur kann die Kartons mit dem Schriftzug Hartz IV und dem Logo der Agentur für Arbeit kaum tragen. Plakate und Aufkleber mit diesem Bild der neugegründeten bundesweiten Kampagne gegen Zwangsumzüge nach Hartz IV dürften häufiger im Straßenbild deutscher Städte zu sehen sein.«[2]

Sie hilft den Erwerbslosen, in ihren Wohnungen zu bleiben, thematisiert die Verletzung individueller Rechte und macht ihren aufflackernden Widerstand gegen die Vertreibung aus der Wohnung öffentlich.

---

[1] Remmers (2006).
[2] Nowak (2006a).

Das Büchlein wirft einen Blick auf die Bewilligungspraxis von Unterkunfts- und Heizkosten gemäß § 22 SGB II bis zur Jahresmitte 2006. Daten und Aussagen wurden im März 2006 erhoben.

Daten sind aus folgenden Gründen schwer zu erheben:

1. Die SGB II-Träger sind nicht bereit, Auskunft zur Anzahl der Aufforderungen zur Senkung der KdU und zur Anzahl der Zwangsumzüge von Arbeitslosengeld II-EmpfängerInnen zu geben. So weigert sich z. B. der Marburger SGB II-Träger, entsprechende Zugangs- und Abgangsstatistiken vorzulegen.[1]

2. SGB II-Träger bestreiten massenhafte Zwangsumzüge durch Hartz IV. Das widerspricht den Aussagen von unabhängigen sozialen Initiativen und Sozialarbeitern. Danach rangieren Zwangsumzüge und Mietschulden ganz oben auf der Beschwerdeliste.[2]

3. Zeitungen und Zeitschriften, Radio und Fernsehen berichten zurückhaltend über Zwangsumzüge und öffentliche Gegenwehr. Dies zeigt die schwache Medienresonanz zu sozialen »Aktionstagen gegen Zwangsumzüge und Hartz IV« in Berlin, Oberhausen, Bochum, Freiburg oder Köln trotz Anwesenheit sehr vieler Presse- und TV-Journalisten.

4. Die SGB II-Träger arbeiten nach Mindeststandards mit minimalen Weisungen der Bundesagentur für Arbeit (BA).[3] Sie sind nicht verpflichtet, zu allen Fakten Statistiken zu führen.[4] Überdies ist die AL22-Software nicht für statistische Erhebungen ausgelegt.[5]

---

[1] Telefonat mit Martin Bongards, ver.di Mittelhessen, Erwerbslosenausschuss, am 21.7.2006.
[2] BAG-SHI (2006), S. 5.
[3] Beantwortung der Anfrage der SPD-Fraktion – Drucksache Nr. 1920/II »Mindeststandards für die Arbeit der Jobcenter«, hier: Schriftliche Beantwortung gemäß § 25 Abs. 4 GO BVV durch das Bezirksamt Steglitz-Zehlendorf von Berlin vom 30.3.2006, S. 1, 2: In der »Rahmenvereinbarung zur Weiterentwicklung der Grundsätze der Zusammenarbeit der Träger der Grundsicherung in den Arbeitsgemeinschaften gemäß § 44b SGB II« vom 1.8.2005, geschlossen zwischen dem Bundesministerium für Wirtschaft und Arbeit und der BA oder den kommunalen Spitzenverbänden, hat sich die BA u. a. verpflichtet, auf Weisungen zur operativen Umsetzung der Grundsicherung für Arbeitsuchende zu verzichten und Weisungen auf das unabdingbar notwendige Maß zu beschränken, wenn die ARGE die von der BA definierten »Mindeststandards bei der Leistungserbringung« für sich als verbindlich anerkennt.
[4] Ebd.: Aussagen zur gesonderten statistischen Erfassung der Erstberatung mit Profiling für Arbeitsuchende unter 25 Jahren sowie zur Eingliederungsvereinbarung, S. 3.
[5] Mencke (2006).

5. Aufgrund wachsender Kostenbelastung durch die KdU haben die SGB II-Träger wenig Interesse an der ausgiebigen Unterstützung erwerbsfähiger Hilfebedürftiger. Sie privatisieren öffentliche Wohnungsbestände zur kommunalen Entschuldung und verschärfen damit die Wohnungssituation für Betroffene.

Erwerbsloseninitiativen und Mietervereine aus 48 Städten und zehn Landkreisen haben Zahlen und Aussagen geschickt. Wegen der sehr differenzierten Verwaltungspraxis gibt es trotz gleicher Fragen kaum vergleichbare Auskünfte. Die vorliegende Sammlung ist ein Schnappschuss[1] auf die Vertreibungen 2005 und 2006.

---

[1] Schnappschuss (2006).

2 WOHNUNG WIRD UNSICHER

> Die ganz überwiegende Mehrzahl der Haushalte, die ab dem 1.1.2005 Alg II beziehen werden, lebt bereits heute in Wohnraum, der als angemessen im Sinne der Sozialhilfe anzusehen ist, so dass die Unterkunftskosten auch im Rahmen des Alg II erbracht werden. Die heutigen Alhi- und künftige Alg II-Bezieher werden damit bis auf geringfügige Ausnahmefälle in ihren bisherigen Wohnungen verbleiben können und für die Wohnungen auch die tatsächlichen – weil angemessenen – Unterkunftskosten erhalten. Es wird deshalb keine ›Zwangsumzüge‹ in billigere oder kleinere Wohnungen in nennenswerten Ausmaß geben.
>
> Pressemitteilung des BMWA vom 28.7.2004

2.1 Wohnen kein Grundrecht

Entgegen dem verbreiteten Irrglauben ist das Wohnen kein verfassungsmäßig gesichertes Grundrecht.[1] Oft wird es mit dem Grundrecht auf die Unversehrtheit der Wohnung in Art. 13 Grundgesetz verwechselt.

Ein Recht auf angemessene Wohnung enthalten aber die Landesverfassungen einiger Bundesländer.

In der Verfassung von Berlin vom 23.11.1995 ist es im Art. 28 Abs. 1,

> **Art. 28**
> (1) Jeder Mensch hat das Recht auf angemessenen Wohnraum. Das Land fördert die Schaffung und Erhaltung von angemessenem Wohnraum, insbesondere für Menschen mit geringem Einkommen sowie Bildung von Wohnungseigentum.

---

[1] Vgl. Rekittke (1995).

in Bayern in Art. 106 Abs. 1 der Verfassung des Freistaates Bayern vom 2.12.1946,

> **Art. 106 Anspruch auf angemessene Wohnung; Unverletzlichkeit der Wohnung**
> (1) Jeder Bewohner Bayerns hat Anspruch auf eine angemessene Wohnung.
> (2) Die Förderung des Baues billiger Volkswohnungen ist Aufgabe des Staates und der Gemeinden.
> (3) Die Wohnung ist für jedermann eine Freistätte und unverletzlich.

und in Brandenburg in Art. 47 Abs. 1 der Verfassung des Landes Brandenburg vom 20.8.1992

> **Art. 47 Wohnung**
> (1) Das Land ist verpflichtet, im Rahmen seiner Kräfte für die Verwirklichung des Rechts auf eine angemessene Wohnung zu sorgen, insbesondere durch Förderung von Wohneigentum, durch Maßnahmen des sozialen Wohnungsbaus, durch Mieterschutz und Mietzuschüsse.

festgeschrieben. Offenbar war ein Recht auf Wohnen als Grundrecht seit der Gründung der Bundesrepublik Deutschland strittig. Da es das Verfassungsrecht auf Wohnen nicht gibt, gibt es auch kein Verfassungsrecht auf eine Wohnung mit einem Standard nach den individuellen Bedürfnissen. Bereits nach dem BSHG wurden KdU nur nach Preis und/oder Quadratmetern übernommen.

Das Recht, in abgeschlossenen Räumen nach diesen Maßgaben zu leben, existiert nicht.

2.2 Wohnen oder Unterkommen?

»›Unterkunft‹ sind bei tatsächlicher Nutzung alle baulichen Anlagen oder Teile hiervon, die tatsächlich geeignet sind, vor den Unbilden der Witterung zu schützen und ein Mindestmaß an Privatheit sicherzustellen. Unterkünfte sind daher auch Not- oder Obdachlosenunterkünfte (BVerwG 12.12.1995 – 5 C 28.93 – BverwGE 100, 136), auf die sich ein Hilfebedürftiger zur Deckung des Unterkunftsbedarfes indes nicht verweisen lassen muss, Hotel- oder Pensionszimmer (VG Braunschweig, 12.8.1992 – 4 B 4316/92 – info also 1992, 194; (...) oder auch ein Wohnwagen (VGH HE 3.9.1991 – 9 TG 3588/90 – info also 1992, 30 f.). (...)
Zur Deckung des Unterkunftsbedarfs geeignete und tatsächlich auch genutzte Räumlichkeiten sind auch dann als ›Unterkunft‹ anzuerkennen, wenn deren Nutzung zivil- oder baurechtlich nicht rechtmäßig ist oder untersagt werden könnte.«[1]

Zu den Leistungen für die »Unterkunft« gehören daher neben Mieten auch Aufwendungen für den Stellplatz für einen Wohnwagen, für Campingplatzgebühren, Unterbringungskosten bei Dritten, Aufwendungen für eine Obdachlosenunterkunft, eine Pension, ein Hotel oder ein besetztes Haus. Zu tatsächlichen Aufwendungen der Unterkunft gehören die Mieten (Kaltmietzins plus Betriebskosten) sowie die Aufwendungen für die Kaution, die Einzugs- und Auszugsrenovierung, die Einlagerung von Möbeln und Hausrat, die notwendigen Aufwendungen der Ordnungsbehörde zur Abwendung drohender Obdachlosigkeit, bei selbst genutzten Eigenheimen die Schuldzinsen und die Erhaltungsleistungen.

Die Bundesrepublik Deutschland ist eines der reichsten Länder der Welt.

»Weniger als 1 Prozent der deutschen Bevölkerung besitzt etwa 60 Prozent des Geldvermögens in Höhe von 4,1 Billionen Euro. Würde der Staat diesen Superreichen nur 5 Prozent wegsteuern, könnte er 120 Milliarden Euro requirieren.«

Obwohl wir in einem reichen Land leben, empfehlen Steuerpolitiker für bedürftige FürsorgeempfängerInnen äußerst geringe Unterstützungsleistungen – auch für die Unterbringung. Der 5. Existenzminimumbericht des Bundes für 2005 für das steuerliche Existenzminimum von Erwachsenen und Kindern – verfasst im Jahr 2003[2] – versucht die Angemessenheit der KdU zu konkretisieren:

»Die Angemessenheit der Kosten der Unterkunft beurteilt sich einerseits nach den individuellen Verhältnissen des Einzelfalls, insbesondere nach der Anzahl der Familienangehörigen, ihrem Alter, Geschlecht und Gesundheitszustand, sowie andererseits

---

[1] Berlit, in: Münder (2005), RandNrn. 10–11 zu § 22.
[2] BT-Drs. 15/2462. Zitiert nach: Bundesministerium der Finanzen (2004).

nach der Zahl der vorhandenen Räume, dem örtlichen Mietenniveau und den Möglichkeiten des örtlichen Wohnungsmarktes. Auf dieser Grundlage wird für die steuerliche Bemessung des Existenzminimums unter Berücksichtigung der im Steuerrecht notwendigen Typisierung für Alleinstehende eine Wohnung mit einer Wohnfläche von 30 qm und für Ehepaare ohne Kinder eine Wohnung mit einer Wohnfläche von 60 qm und jeweils einfacher Ausstattung (ohne Sammelheizung und/oder ohne Bad/Duschraum) als angemessen angesehen.«[1]

Menschen mit Fürsorgeleistungen sollen demnach nur noch unterkommen. Dies erinnert an die Wohnqualität nach dem Zweiten Weltkrieg. Die ARGE in Bochum versuchte sofort, dem 5. Existenzminimumbericht Leben einzuhauchen. Ein Bochumer hatte ohne Bad gewohnt und war ohne Genehmigung der ARGE in eine Wohnung mit Bad gezogen. Die ARGE wollte nicht zahlen. Das Sozialgericht Dortmund verurteilte die ARGE im »Badezimmerurteil«, dem Erwerbslosen die Miete für eine Wohnung mit Bad zu übernehmen. Diese war teurer als die alte, lag aber immer noch unter der Angemessenheitsgrenze. Das Sozialgericht Dortmund hat entschieden, dass Wohnungen ohne Bad auch für Arbeitslose grundsätzlich unzumutbar sind.[2]

---

[1] BT-Drs. 15/2462. Zitiert nach: Bundesministerium der Finanzen (2004), S. 91 f.
[2] SG Dortmund, Beschluss vom 22.12.2005 – S 31 AS 562/05 ER.

Der 6. Existenzminimumbericht will Bruttokaltmieten weit unter den gegenwärtigen Mietspiegeln festschreiben. Für 2008 sind Bruttokaltmieten von 2.364 € (197 €/Monat) für Alleinstehende und 4.029 € (335 €/Monat) für Ehepaare zu berücksichtigen.[1] Wohnungen zu solch niedrigen Preisen sind kaum vorhanden. Auch für Warmwasser und Heizung wird knapp kalkuliert:

> »Die Heizkosten berechnen sich auf der Basis der in der EVS 2003 ausgewiesenen Aufwendungen für Heizung und Warmwasser im gesamten Bundesgebiet. Danach betrugen die monatlichen durchschnittlichen Ausgaben für Heizung und Warmwasser von Alleinstehenden 49 € und von kinderlosen Paaren 61 €. Da aber die Kosten für die Warmwasserbereitung schon in den Leistungen enthalten sind, die mit den Regelsätzen abgegolten werden, wird eine Pauschale von 25 % in Abzug gebracht. Somit verbleiben monatliche Beträge von 37 € für Alleinstehende und 46 € für Ehepaare.«[2]

Die Errechnung der Warmwasserpauschale bemisst sich nach der ungünstigsten Auslegung einer Berechnungsmethode der älteren Rechtsprechung.[3] Übersehen wird, dass sich die 25 % nicht auf den Grundpreis der Aufwendungen für Warmwasser und Heizung beziehen, sondern auf den Arbeitspreis (OVG Lüneburg, Urteil vom 22.11.1991), der 65 % des Grundpreises ausmacht. Der Preis für die Warmwasserpauschale wäre daher wesentlich geringer.[4] Der 6. Existenzminimumbericht begrenzt für 2008 die Heizkosten auf 636 € (53 €/Monat) für Alleinstehende und auf 792 € (66 €/Monat) für Ehepaare.[5] Menschen, die den Tag über zu Hause sind, können bei solchen Pauschalen die Heizung nicht andrehen. Schon im Winter 2005 und 2006 sind Bedürftige in ihrer Wohnung an Unterkühlung gestorben.[6] Zum Jahresende steigen die Preise für Heizung und Strom massiv an.

2.3 Massenauszüge drohen

Nach der Alg II- Antragstellung sollen die tatsächlichen KdU der Alg II-BezieherInnen in der Regel sechs Monate lang übernommen werden: Erst anschließend dürfen SGB II-Träger eine Senkung der KdU auf angemessene Kosten nach den kommunalen Richtlinien – soweit solche überhaupt existieren – verlangen. SGB II-Träger legten diese Regelung unterschiedlich aus. Nicht selten wurden Alg II-BezieherInnen bereits mit dem ersten Bescheid aufgefordert, ihre Ko-

---

[1] Bundesministerium der Finanzen (2006).
[2] Ebd.
[3] Vgl. Hofmann, in: LPK-BSHG (2003), § 12 RandNr. 21.
[4] Arbeitslosenprojekt TuWas (2006).
[5] Bundesministerium der Finanzen (2006).
[6] FAZ.NET (2006).

sten zu senken, wie z. B. in Paderborn.[1] Denn viele SGB II-Träger kannten weder Gesetz noch Richtlinien und auch kein ordnungsgemäßes Verfahren zu den KdU. Auf Bescheiden zu Alg II und in Widersprüchen war zu den KdU selten ein Verweis auf die Richtlinie zu finden.

Seit 2005 wird von tausenden Alg II-BezieherInnen die Senkung der Unterkunfts- und Heizkosten verlangt. Die Kosten sollen durch Mietreduzierung, Untervermietung oder Umzug verringert werden. Ist dies innerhalb einer Frist von in der Regel sechs Monaten nachweislich unmöglich, dann müssen die SGB II-Träger nach Fristablauf die tatsächlichen KdU weiter übernehmen. Einen Hinweis darauf gibt es in Alg II-Bescheiden selten.

Vermieter mit Bereitschaft zur Mietsenkung sind rar. Bisher bot nur die Berliner Wohnungsbaugesellschaft Hohenschönhausen (HOWOGE) im Februar 2006 Alg II-BezieherInnen Mietnachlässe an. Dies sei preiswerter als Wohnungsleerstand, Räumungen und Mietrückstände.

Meistens ist eine Reduzierung des Mietzinses aber nicht zu erreichen. Die Untervermietung von Zimmern kommt meist nicht infrage, weil der Vermieter das nicht gestattet oder mehr Miete will. Oder aber der Wohnungszuschnitt schließt eine Untervermietung aus. Deshalb bleibt als einziger Ausweg der Umzug.

Weil die Alg22-Software der SGB II-Träger eine Einzelfallprüfung nicht zulässt, wird lediglich die Anzahl der in der Bedarfsgemeinschaft lebenden Personen der Höhe der Miete gegenübergestellt. Maschinelle Schreiben der SGB II-Träger sind so oft rechtswidrig, weil kein Ermessen im Einzelfall ausgeübt wird, weil insbesondere Härte und Zumutbarkeit – die kommunal verschieden definiert sind – ungeprüft bleiben. So wurde der arbeitslose Bauingenieur Hinrich K. (52 Jahre) in Berlin aufgefordert, die Wohnkosten zu senken, weil durch die steigenden Gaspreise seine Miete um 15 € über dem Satz lag. Da Herr K. einen Behindertenausweis besitzt,[2] ist ihm die Senkung der KdU gemäß AV Wohnen Punkt 4 Abs. 9 nicht zumutbar. Der SGB II-Träger informierte nicht darüber, dass eine Mietkostensenkung für Kranke, Behinderte, allein Erziehende mit mehr als zwei Kindern und für über 60-Jährige mit längerer Wohndauer unzumutbar ist und allein Erziehenden, Menschen nach mindestens 15-jähriger Wohndauer, bei Verlust wesentlicher sozialer Bezüge, über 60-jährigen Hilfeempfängern, Schwangeren und Personen mit in absehbarerer Zeit kostendeckenden Einkünften[3] wegen besonderer Härte eine zehnprozentige Überschreitung der Mietobergrenze gewährt wird.

---

[1] Telefonat mit Susanne Bornefeld, Frauenarbeitslosenbüro Paderborn, am 13.3.2006.
[2] Lange (2006), S. 3.
[3] Senatsverwaltung für Gesundheit, Soziales und Verbraucherschutz Berlin (2005).

Erwerbsloseninitiativen sehen bei der rechtswidrigen Aufforderung der ihnen bekannt gewordenen Fälle nur die Spitze des Eisbergs und fordern von den Behörden und Politikern die Einhaltung bestehender Richtlinien.[1]

Viele Betroffene würden gerne in ihren Wohnungen bleiben, denn die Wohnung ist in der existenziellen Unsicherheit ihr letzter sicherer Ort. An die Wohnung und deren Umfeld sind Freundschaften, Nachbarschaften und Erinnerungen geknüpft. Ein Zwangsumzug ist die Enteignung des gelebten Lebens.[2] Alg II-BezieherInnen stellen sich die Frage: »Esse ich noch oder bezahle ich lieber die Miete?«[3] Viele wollen lieber die Differenz zwischen den tatsächlichen und den angemessenen Kosten der Wohnung aus der Regelleistung bestreiten als umzuziehen. Die Folge ist eine andauernde Bedarfsunterdeckung bei anderen lebensnotwendigen Bedürfnissen. Eine Entscheidung für die Wohnung führt zum Verzicht auf ausreichende Ernährung, zu Miet- und Energieschulden und zur Räumung, z. B. infolge einer Zahlungs- und Räumungsklage. Der Zwang zum Umzug erfolgt deshalb quasi durch die »kalte Küche«.

2.4 Aus für Mietschuldner

In § 22 Abs. 5 SGB II ist die Mietschuldenübernahme als Darlehen seit dem 1.4.2006 neu geregelt. Sie soll Alg II-BezieherInnen vor Obdachlosigkeit schützen. Es gibt z. B. in Berlin-Neukölln so viele Bedürftige mit Mietrückständen, dass ein Erstantragsteller mit Mietrückständen Anfang September erst zum 30.10.2006 einen Termin im ARGE-Team für die Mietschuldenregulierung erhielt.[4] Leider schützt § 22 Abs. 5 SGB II Betroffene nicht vor Vermietern, die die Verträge mit säumigen MietzahlerInnen nicht fortsetzen wollen.

Der bereits einmal obdachlos gewordene Berliner Herr N. war darauf nicht gefasst. Nach drei Monaten verließ er ohne Lohn einen Baujob, den ihm sein Fallmanager zugewiesen hatte. Im darauf angetretenen auswärtigen Job mit Containerbleibe konnte sich Herr N. nicht um seine Belange kümmern. Die Miete zahlte zuvor der SGB II-Träger an den Vermieter, die Überweisung der Kaution vergaß er. Der Vermieter klagte erfolgreich auf Räumung. Trotz Mietschuldendarlehens des SGB II-Trägers wollte der Vermieter den Mietvertrag nicht fortsetzen. Herr N. wurde am 16.8.2006 geräumt.[5]

---

[1] Vgl. Nowak (2006b).
[2] Vgl. Diederich (2006).
[3] Auskunft von Ingrid Wagner, ver.di-Erwerbslosenausschuss Freiburg, vom 15.3.2006.
[4] Eigene Begleitung des Herrn R. zum SGB II-Träger Neukölln im September 2006.
[5] Kampagne gegen Zwangsumzüge (2006).

Alg II-BezieherInnen mit SCHUFA-Einträgen finden keine neuen Vermieter, weil sie oftmals eine Mietschuldenfreiheitserklärung des alten Vermieters nicht vorlegen können. Eine Mietschuldenregulierung über den SGB II-Träger dauert zu lange und greift mitunter erst nach dem Urteil zur Zahlungs- und Räumungsklage. Betroffene verzweifeln, wenn Vermieter sich nicht umstimmen lassen: Thomas S. aus Frankfurt/Oder sollte trotz Zusagen des SGB II-Trägers und erster gezahlter Mietschuldenraten geräumt werden. Als der Gerichtsvollzieher bei ihm klingelte, sprang er aus dem Fenster.[1]

---

[1] Bischoff (2006), S. 3.

3 SELBSTBESTIMMT WOHNEN PASSÉ

> Der Boden unter euren Füßen, der Bissen zwischen euren Zähnen ist besteuert. Dafür sitzen die Herren in Fräcken beisammen, und das Volk steht nackt und gebückt vor ihnen, sie legen die Hände an seine Lenden und Schultern und rechnen aus, wie viel es noch tragen kann, und wenn sie barmherzig sind, so geschieht es nur, wie man ein Vieh schont, das man nicht so sehr angreifen will.
>
> Georg Büchner

3.1 Freizügigkeit ade

In wenigen Landesverfassungen ist das Recht auf Freizügigkeit bei der Wohnungssuche explizit eingeräumt. In der Verfassung des Landes Berlin lautet Art. 17:

»Das Recht der Freizügigkeit, insbesondere die freie Wahl des Wohnsitzes, des Berufes und des Arbeitsplatzes, ist gewährleistet, findet aber seine Grenze in der Verpflichtung, bei Überwindung öffentlicher Notstände mitzuhelfen.«

Die Freizügigkeit war schon vor 2005 für BezieherInnen von Fürsorgeleistungen eingeschränkt. Wollten sie woanders wohnen, gab es im Rahmen des BSHG »notwendige Umzüge« nach kommunalen Vorschriften.

Viele Alg II-BezieherInnen wollen wegen Trennung, Scheidung, krank machender Wohnung u. Ä. umziehen. Die SGB II-Träger erkennen seit 2005 selten einen erforderlichen Umzug an und sichern selten die Übernahme der Wohnungsbeschaffungs- und Umzugskosten zu.

Die IG-Metall-Kollegin S., 48 Jahre, aus Dortmund erzählt, dass das Haus, in dem sie wohnte, verkauft wurde:

»Der neue Vermieter hatte bis auf sie schon alle Mieter herausgeekelt und einige sehr auffällige, laute neue Mieter übergangsweise neu aufgenommen. Es war die reinste Schikane. Mal war die Wasserversorgung zentral abgedreht, dann stand einmal ihre Wohnungstür auf. Sie hatte nur noch Angst. Schnellstmöglich suchte sie sich eine angemessene Wohnung. Doch das Amt machte ihr nur Schwierigkeiten. Sie sollte den Umzug selber durchführen, aber ihre Bekannten sind zu alt als Umzugshelfer.«[1]

Seit 2005 verhindern die SGB II-Träger Umzüge, wenn Alg II-BezieherInnen ihren Wohnstandard verbessern wollen. Seit 1.8.2006 ist in § 22 Abs. 1 Satz 2 SGB II geregelt, dass bei einem nicht erforderlichen Umzug in eine neue Wohnung, die teurer als die alte Wohnung ist, nur noch die angemessenen Kosten der alten Wohnung übernommen werden sollen – selbst dann, wenn die Kosten der neuen Wohnung unterhalb der Mietobergrenze liegen. Umzüge in bessere Wohnlagen und moderner ausgestattete Wohnungen sind damit ausgeschlossen.

Frau X. wohnt in der vierten Etage eines Altbaus mit Ofenheizung. Sie muss Kohlen hoch tragen. Kohlenschleppen und Heizen wird mit Arthrose in den Armen und Sehnenscheidenentzündung immer schmerzhafter. Sie beantragte Hilfe beim SGB II-Träger wegen eines notwendigen Umzuges. Die Ärztin unterstützt den Wohnungswechsel mit Verweis auf die belastende Handhabung der Öfen, die aus medizinischer Sicht nicht zumutbar sei, da eine weitere Chronifizierung und Verschlechterung der Erkrankung bei Dauerbelastung zu erwarten ist. Der SGB II-Träger erkennt im Widerspruchsbescheid vom Sommer 2005 keinen notwendigen Umzug. Es sei nicht nachvollziehbar, wieso eine rheumatische Erkrankung am Befeuern des Ofens hindern solle. Dies sei keine mehrfach täglich auszuübende schwere Heizertätigkeit, sondern leichteste manuelle Belastung von kurzer Dauer. Das Gewicht einzelner Briketts betrüge weniger als ein Kilogramm. Nachgewiesen sei nicht, dass Frau X. derart geringe Gewichte nicht mehr halten oder heben kann, da sie keinen Schwerbehinderungsgrad vorweisen könne. Weiter sei unklar, wieso sich die Krankheit verschlimmern solle, wenn ansonsten mäßige Belastung (Physiotherapie) zur ERhaltung der Beweglichkeit verordnet würde. Die Frau reichte im Juli 2005 Klage ein und hat bis jetzt noch kein erstinstanzliches Verfahren gehabt.

Für Alg II-BezieherInnen, die in die örtliche Zuständigkeit eines anderen SGB II-Trägers ziehen wollen, scheint es leichter zu sein, wenn der örtlich bisher zuständige SGB II-Träger die angemessenen Kosten der neuen Unterkunft zusichert und den künftig zuständigen Träger an der Entscheidung beteiligt. Unter Kostengesichtspunkten ist es zwar nachvollziehbar, dass der künftig zuständige Träger die Mietkautionen der neuen Wohnung übernehmen soll. Die wechselnde Zuständigkeit zwischen altem und neuem SGB II-Träger erschwert aber Umzüge zwischen städtischen Verwaltungsbezirken, Städten und Gemeinden, Stadt und Land sowie Umzüge in andere Bundesländer. Wird die Mietkaution vom künftigen SGB II-Träger nicht gezahlt, scheitert der Umzug. Jeder SGB II-Träger kann die Ansied-

---

[1] Schneider (2006).

lung von Alg II-BezieherInnen vermeiden. Denn warum sollte er auf seine Kosten seine Armutsbevölkerung vergrößern?

Seit Sommer 2005 wurde die Sozialschmarotzerdebatte angeheizt. Bedrückende öffentliche Demütigungen der Alg II-BezieherInnen bereiteten weitere Verschlechterungen der SGB II-Leistungen vor. Denn es wurde behauptet, dass der Alg II-Haushaltstitel im Bundesetat ausufere. Zwar wurde dem Protest der Bevölkerung wegen der ungleichen Höhe der Regelleistung in Ost- und Westdeutschland mit einer Anhebung der ostdeutschen Regelleistung nachgegeben. Im Gegenzug wurden aber die Leistungen für Jugendliche bis zum 25. Geburtstag auf 80 % der Regelleistung gekürzt, sie wurden in die Bedarfsgemeinschaft eingeordnet und der volle Unterhaltsrückgriff eingeführt.

»Die große Koalition hat die geplanten Verschärfungen im SGB II mit Auszugsverbot und Leistungskürzung für junge Erwachsene unter 25 Jahren in einem Schnellverfahren durch den Bundestag gepeitscht. Das Auszugsverbot tritt mit dem Tag des Bundestagsbeschlusses am 17.2.2006 in Kraft.«[1]

Angeblich wachsen für die Kommunen die KdU und die Kosten für die Erstausstattung der Wohnung in den Himmel. Die finanzielle Belastung der Kommunen ist nur deshalb so groß, weil der Bund laut Optionsgesetz nur einen Teil der KdU für Alg II-Beziehende übernimmt. Bereits auf der Bundesfachkonferenz der Bundesarbeitsgemeinschaft der Erwerbslosen- und Sozialhilfeinitiativen e. V. (BAG-SHI) Ende Oktober 2005 wurde aus Boizenburg berichtet, dass eine zwanzigjährige Jugendliche aufgefordert wurde, zu den Eltern zurückzuziehen. Der SGB II-Träger Berlin-Mitte verwies im Januar 2006 einen jungen Mann, der aus der elterlichen Wohnung ausziehen wollte, darauf, dass er nur dann eine Zusicherung zu den KdU bekäme, wenn die Miete der neuen Wohnung unter 200 € läge.[2]

Beim Aktionstag gegen Zwangsumzüge, Lohndumping und Hartz IV am 28. April 2006 erzählte ein junges türkisches Paar, dass ihnen noch vor dem Februar 2006 die Übernahme der Kosten für die Erstausstattung der Wohnung zugesichert wurde. Ihre Wohnung haben sie im »IKEA-Standard« eingerichtet. Der SGB II-Träger Berlin-Neukölln will nun die Erstausstattung nicht zahlen und das Paar muss klagen.

---

[1] Husch-Husch (2006).
[2] Telefonat mit Renate Döhr, Projekt »Arbeiten und Lernen« in Berlin-Reinickendorf, am 17.1.2006.

3.2 »Zwangsverheiratung«

Das Fortentwicklungsgesetz setzt die Diskriminierung von Alg II-BezieherInnen fort. Mitglieder von Wohngemeinschaften müssen gemäß § 7 Abs. 3a SGB II seit dem 1.8.2006 den SGB II-Trägern nachweisen, dass sie keine eheähnliche oder keine gleichgeschlechtliche lebenspartnerschaftsähnliche Gemeinschaft sind. Dieser Nachweis ist schwer zu führen. Menschen werden in Einstandsgemeinschaften gezwungen. Mitte August 2006 soll eine junge Frau die Kosten der Unterkunft von 230 € verringern, weil sie im Haushalt mit anderen Frauen lebt. Frau K. wohnt in einer Frauen-WG, in der einige der Mitbewohnerinnen Alg II beziehen und einige arbeiten gehen. Der SGB II-Träger verlangt einen Nachweis, dass sie mit keiner der Frauen zusammen eine Bedarfsgemeinschaft bildet.[1] Die Beweislastumkehr grenzt Einkommensschwache aus schutzwürdigen sozialen Beziehungen aus und zerstört häusliche Beziehungen.

Um durch die Neuregelung Geld zu sparen, setzt der Bund viel Geld für Sozialdetektive ein. Sie sollen Bedarfsgemeinschaften aufspüren und aktenkundig machen, um Unterstützungsleistungen zu sparen. In Stuttgart und Frankfurt am Main ist dies bereits an der Tagesordnung.[2] Berliner SGB II-Träger stellen mehr Prüfer ein.[3] Die Regierungskoalition stellt Alg II-BezieherInnen unter den Generalverdacht des Sozialleistungsmissbrauchs. Dadurch schwächt sie lebenswichtige solidarische Beziehungen zwischen Menschen, übt massiven Druck auf jede Art solidarischer Beziehungen aus und setzt Fliehkräfte in Partnerschaften und Wohngemeinschaften frei. Trennungen und Abhängigkeiten sind die Folge. Freiwillig zum Zwecke des Sparens und miteinander Teilens angelegte Gemeinschaften werden zu Zwangsgemeinschaften. Eine solche Politik »zerstört die individuelle Selbstbestimmung von Einkommenslosen«.[4]

Bereits vor der Durchsetzung der Vorschrift der Beweislastumkehr bei ehe- und partnerschaftsähnlichen Gemeinschaften wurde durch die SGB II-Träger immer wieder versucht, Bedarfsgemeinschaften zu konstruieren. Aus Oldenburg wird berichtet:

»Bei mehreren Bewohnern einer Wohnung (Wohngemeinschaft) müsste die Mietobergrenze für einen Alleinstehenden jeweils gelten. Die ARGE behandelt die Wohngemeinschaft wie ein Paar, indem sie die Bruttokaltmiete und die Heizkosten auf die Größen

---

[1] Notruftelefon der Kampagne gegen Zwangsumzüge am 24.8.2006.
[2] Näger (2006); Ochs (2006).
[3] Courant/Labenski (2006).
[4] Allex (2006).

eines Zwei-Personen-Haushaltes reduziert. Daraus bemisst sie die angeblich zu hohen Kosten der Unterkunft pro Person.«[1]

Das Fortentwicklungsgesetz bremst selbst bestimmte und notwendige Umzüge von Alg II-BezieherInnen. Es fördert einen neuen Schub von Willkür der Verwaltungen gegenüber erwerbslosen Hilfebedürftigen.

»Eine Frau mit Kind wohnt bei einer anderen Frau als Untermieterin. Der SGB II-Träger bescheidet ihr am 7.7.2006, dass sie im Folgemonat 400 € weniger erhält, da sie bei einer Frau zur Untermiete wohne und es sich vermutlich um eine Bedarfsgemeinschaft handelt. Sie wird aufgefordert, die Kosten der Unterkunft zu senken, da einem Dreipersonenhaushalt nur 542 € an Bruttowarmmiete gelten.«[2]

Die Beweislastumkehr hat direkte Auswirkungen auf die Wohnsituation von Bedürftigen. PartnerInnen, WG-MitbewohnerInnen oder Eltern erwachsener bedürftiger Kinder ziehen aus den Wohnungen aus. Betroffenen werden Untermietverträge gekündigt, sie werden aus Wohngemeinschaften herausgedrängt.

---

[1] Telefonat mit Guido Grüner, Arbeitslosenselbsthilfe Oldenburg e. V., am 10.3.2006.
[2] Notruf der Kampagne gegen Zwangsumzüge, Anruf vom 17.7.2006.

4 VERTREIBUNGEN HABEN BEGONNEN

> Etliche ziehn fort eine halbe Straße
> Hinter ihnen werden die Tapeten geweißnet
> Niemals sieht man sie wieder. Sie
> Essen ein anderes Brot, ihre Frauen liegen
> Unter anderen Männern mit gleichem Ächzen.
> An frischen Morgenstunden hängen
> Aus den gleichen Fenstern Gesichter und Wäsche
> Wie ehedem.
>
> Bertolt Brecht

Mit dem SGB II hat die Vertreibung von einkommensarmen Menschen aus ihren Wohnungen begonnen. Aufforderungen zur Senkung der KdU durch die SGB II-Träger, geringe Regelleistungen, nicht ausreichende Kostenerstattungen für Miete und Heizung, Miet-, Gas- und Stromschulden sind Gründe der zwangsläufigen Aufgabe der Wohnungen. Dies vollzieht sich schrittweise, individuell und unter Ausschluss der Öffentlichkeit.

4.1 Zu Art und Umfang der Vertreibungen

In vielen Kommunen sind seit dem Inkrafttreten des SGB II 2005 massenhaft Aufforderungen zur Senkung der KdU ergangen. Eine nicht repräsentative Befragung der Stiftung Warentest von 4.400 Haushalten stellt fest, dass in jedem vierten bewilligten Erstantrag auf Alg II mitgeteilt wurde, dass die Miete zu hoch sei.[1]

In **Berlin** wurden nach den Ausführungsbestimmungen zum »Wohnen«[2] vom 1.7.2005 die Aufforderungen zur Senkung der KdU erst ab dem 1.1.2006 von den SGB II-Trägern verschickt. Aber bereits im Jahr 2005 gab es Aufforderungen und Zwangsumzüge.[3] Der TOPOS-Forscher Sigmar Gude sprach von 40.000 bis 70.000 Haushalten in Berlin, die wegen zu teurer Wohnungen umziehen müssten.[4] Bis März 2006 legte der Berliner Senat keine Zahlen zu Alg II-BezieherIn-

---

[1] Finanztest (2005).
[2] Senatsverwaltung für Gesundheit, Soziales und Verbraucherschutz Berlin (2005).
[3] Infoveranstaltungen im Philosophischen Salon, Berlin-Pankow, im Jahr 2005.
[4] Vgl. Gude (2005).

nen mit Aufforderungen zur KdU-Senkung vor, obwohl der Sozialsenatorin die Zahlen vorlagen.[1] Ihre Referentin teilte am 16.3.2006 nach dem Tribunal gegen Armut und Elend auf einem Hearing der Erwerbsloseninitiative Neukölln mit, dass es in Berlin noch keine Aufforderungen zur KdU-Senkung gäbe. Der Neuköllner Mieterverein sprach zur selben Zeit ein Stockwerk höher von 169 eingeleiteten Überprüfungsverfahren zu den Unterkunftskosten im Großbezirk. In anderen Berliner Verwaltungsbezirken war die Rede von »vereinzelten« Überprüfungsschreiben bis zur Aussage, dass 10 % bis 15 % der jeweiligen bezirklichen Alg II-BezieherInnen aufgefordert wurden, die KdU zu senken.

Inzwischen wurden fast alle Berliner Alg II-Bedarfsgemeinschaften auf die Höhe ihrer Kosten der Unterkunft geprüft. Die Prüfung der KdU setzt sich beim jeweiligen Folgeantrag fort. Die Ergebnisse sind der folgenden Tabelle zu entnehmen.

KdU-Senkungsaufforderungen und Umzüge in Berlin

Monatsende	Anzahl BG insgesamt	Anzahl BG geprüft	Aufforderung KdU-Senkung	Aufforderung tatsächlich	Umzug veranlasst
April	335.000	100.000	5.404	2.654	12[1]
Juni	352.000	200.000[2]	10.160	5.100[3]	55
Juli				6.058	103[4]
2006 insg.	316.785	316.785	17.400	9.879	410[5]

[1] Vgl. Herrmann (2006).
[2] Richter, C. (2006).
[3] Frielinghaus (2006).
[4] Kohrt (2006).
[5] dpp-Meldung, 13.2.2007.

Bis Ende April und Ende Mai wurden auch allein Erziehende mit zwei Kindern, Alte, Kranke und Schwerbehinderte, für die eine Kostensenkung in Berlin als unzumutbar gilt, aufgefordert. Nach der Überprüfung war die Aufforderung bei ungefähr der Hälfte der Angeschriebenen zumutbar. Bis Ende Juni »hätten 386 Erwerbslose ihre Kosten anderweitig verringert«.[2] Darüber hinaus ist die Rede von Alg II-Beziehenden, die »freiwillig« umzögen.

[1] Knake-Werner (2006).
[2] Rother (2006).

4 Vertreibungen haben begonnen

In Berlin leben 62 % der Alg II-BezieherInnen allein. Hauptsächlich die 45- bis 60-Jährigen unter ihnen werden zur Senkung der KdU aufgefordert, wie die Erhebungen am Notruftelefon zeigen (siehe die folgenden Tabellen). Sie wohnen länger in ihren Wohnungen und arbeiten in Billigjobs. Sie haben einen großen Haushalt, können aber weder gesundheitlich noch finanziell einen Umzug bewältigen und finden keine geeigneten Wohnungen.

Vom 1. Mai 2006 bis zum 30. Juni 2006 erreichten die Kampagne gegen Zwangsumzüge 250 Anrufe, von denen 46 Fälle (sechs Familien, 22 Frauen, 18 Männer) dokumentiert sind. Fünf AnruferInnen fühlten sich von Aufforderungen zur Senkung der KdU bedroht. Acht weitere wollten einen notwendigen Umzug durchführen und erhielten keine Unterstützung des SGB II-Trägers. 20 AnruferInnen hatten eine Aufforderung zur Senkung der KdU erhalten, darunter 15 Bedarfsgemeinschaften zu Recht und fünf Bedarfsgemeinschaften zu Unrecht (Härtefall, Kranke und Behinderte).

Alle 20 Aufforderungen waren rechtswidrig, da neben der Aufforderung zur Kostensenkung nur vermerkt war, dass ab Tag X nur noch die angemessenen Kosten der Unterkunft überwiesen werden.

Weiterhin wurde sechs jungen Menschen vor ihrem 25. Geburtstag der Erstauszug trotz schwerwiegender Gründe verweigert. All jene, die die Härtfallgrenze von zehn Prozent über die Mietobergrenze um wenige Euro überschritten wie Alte mit langer Wohndauer, vier allein Erziehende mit einem Kind sollten die Unterkunftskosten verringern. Drei Migrantenfamilien mit jeweils mehr als drei Kindern waren zur Kostensenkung aufgefordert; der Verbleib der Kinder in ihrer sozialen Umgebung als Grund zum Bleiben wurde abgelehnt. Bei fünf Bedarfsgemeinschaften wurden zur Senkung der KdU ohne Begründung nur vier Monate, drei Monate oder zwei Monate als Frist gewährt.

In **Freiburg** bestehen die Bedarfsgemeinschaften zu 65 % aus älteren Alleinstehenden, die in nicht allzu großen Wohnungen wohnen. Überwiegend Ältere ab 45 Jahren werden zur Unterkunftskostensenkung aufgefordert.[1] Obwohl viele in Einraumwohnungen oder in wenig größeren Wohnungen leben, haben Ende März 2006 bereits 17 dieser Bedarfsgemeinschaften untervermietet.[2]

In **Freiburg** werden Wohnungssuchende Alg II-Beziehende zunächst in die Notfallkartei der städtischen Stadtbau GmbH übernommen.

---

[1] E-Mail von Ingrid Wagner, ver.di-Erwerbslosenausschuss Freiburg, zur Beantwortung der Fragen zu Kosten der Unterkunft und Umzugsproblematik, vom 4.7.2006.
[2] Ebd.

4.1 Zu Art und Umfang der Vertreibungen

Im März 2005 wurden in **Bochum** 1.400 Haushalte zum Auszug aufgefordert.[1] Die Leiterin der Bochumer ARGE, Frau Schomburg, erklärt, dass Umzugsaufforderungen vor allem an Alleinstehende und Paare gingen.[2]

Der Mieterverein **Bochum** sieht für die Massenumzüge von Alg II-BezieherInnen nur den Weg in billige Wohnungen aus den 60er-Jahren in sozial schwachen Stadtvierteln[3] und damit den Trend der sozialen Entmischung.[4] Die Notunterkünfte sind überbelegt und die Situationen, zu denen es dort kommt, fürchterlich.[5] Dem Zusammenleben in Wohnheimen hat die Regierung einen Riegel vorgeschoben.

In **Leipzig** wurden am 1.2.2005 39.915 Bedarfsgemeinschaften gezählt, ihre Anzahl stieg bis zum 30.11.2005 auf 47.968. Der Anteil der Einpersonenhaushalte beträgt 59,4 %, der der Zweipersonenhaushalte 24,3 %. Diese 83,7 % Haushalte sind von den Aufforderungen zur Senkung der KdU überwiegend betroffen. Im März 2006 waren bereits 3.129 Aufforderungen ergangen.[6] Jedoch Ein- und Zweiraumwohnungen stehen kaum zur Verfügung.[7]

In **Dortmund** wurden bis Juni 2006 mehr als 148 erwerbslose Hilfebedürftige offiziell zur KdU-Senkung aufgefordert. Bei 10.000 Alg II-BezieherInnen insgesamt soll die Miete über der Obergrenze liegen. Bis zum 17.5.2007 will die Verwaltung die ersten 900 bis 1.000 Fälle abarbeiten, die in zu teuren oder zu großen Wohnungen leben. Der SGB II-Träger lädt die Betroffenen zur Einzelfallprüfung vor. Wer keinen »triftigen Grund« hat, muss mit einer Umzugsaufforderung rechnen.[8] Viele bemühen sich um eine neue Wohnung, können aber keine finden.

In **Lörrach** erfolgten die ersten Aufforderungen zur Senkung der KdU mit dem ersten Alg II-Bescheid rechtswidrig im Januar 2005.[9]

---

[1] E-Mail des ver.di-Erwerbslosenausschusses Dortmund vom 16.3.2006. http://zope1.free.de/sofodo/themen/erwerbslosigkeit/alg-2/mieterverein-rechnet-mit-hunderten-von-zwangsumzuegen.
[2] Gedächtnisprotokoll von Norbert Hermann des Vortrages von Frau Schomburg »Ein Jahr ARGE« auf der Sitzung des Sozialausschusses vom 24.1.2006 (nicht autorisiert).
[3] Finkbeiner (2006).
[4] Hoffmann (2006).
[5] E-Mail von Ingrid Wagner, ver.di-Erwerbslosenausschuss Freiburg, zur Beantwortung der Fragen zu Kosten der Unterkunft und Umzugsproblematik, vom 4.7.2006.
[6] Witte (2006).
[7] Ebd.
[8] E-Mail von Anne Eberle, Dortmund, vom 23.8.2006.
[9] Auskunft von Ingrid Wagner, ver.di-Erwerbslosenausschuss Freiburg, vom 15.3.2006.

4 Vertreibungen haben begonnen

Spitzenreiter bei den Aufforderungen zur Senkung der KdU war im Dezember 2005 **Bremen** mit 9.500 Aufforderungen.[1]

In **Oberhausen** waren im März 2006 1.700[2] aufgefordert und in Hamburg 2.800.[3]

Im Juni 2005 waren in **Wuppertal** 450[4] Alg II-BezieherInnen zur KdU-Senkung aufgefordert, ein Jahr später hatte sich ihre Zahl verdoppelt.[5]

In **Duisburg** wurden 2005 500[6] Alg II-BezieherInnen zu KdU-Senkung veranlasst, im April 2006 waren es 1.500.[7]

Im März 2005 betrug die Anzahl der Aufgeforderten in **Worms** 500[8] und in **Mönchengladbach** 300.[9]

In **Bremen** gab es bis Dezember 2005 Proteste, denn 9.000 von 31.000 mussten dort mit einem Zwangsumzug rechnen.[10] Besonderer Streitpunkt war die Höhe der Mietobergrenzen. Auf einem Flugblatt des Bremer Sozialplenums wurde die Erhöhung der Mietobergrenze um 20 % speziell unter Hinweis auf erhöhte Heizkostenpauschale gefordert. Stattdessen wurden Ausnahmetatbestände analog der Berliner Richtlinie eingeführt. Das Kommunalparlament beschloss nach Vorlage der Sozial- und Baudeputation Definitionen für Härtefälle und Unzumutbarkeit.[11] Einpersonenhaushalte erhielten statt sechs Monate eine Frist von zwölf Monaten. Per Januar wurden von der Bremer ARGE für Integration und Soziales 2.000 Bremer Bedarfsgemeinschaften, die mehr als 30 % über der Mietobergrenze liegen, aufgefordert, ihre KdU zu senken.[12]

In **Düsseldorf** waren zu Ende April 2006 mehr als 900 Bedarfsgemeinschaften aufgefordert, die unangemessenen KdU zu senken. Zahlreichen Alg II-BezieherInnen wurde die Miete trotz ärztlicher Atteste und Nachweisen von Wohnungs-

---

[1] Auskunft von M. Lühr, AGAB Bremen, vom 16.3.2006.
[2] Diederich (2005).
[3] Joithe (2006).
[4] taz (2005).
[5] Arndt (2006).
[6] taz (2005).
[7] Rote Fahne (2006).
[8] Wormser Zeitung (2005).
[9] Auskunft von K. Sasserath, Arbeitslosenzentrum Mönchengladbach e. V., vom 9.3.2006.
[10] http://www.wasg-hb.de
[11] Dohle (2005).
[12] Beelte (2006).

4.1 Zu Art und Umfang der Vertreibungen

bemühungen gekürzt oder Kürzungen wurden angedroht. Menschen in Notsituationen und Gewaltopfern wurde die Mietübernahme selbst bei als notwendig anerkannten Wohnungswechseln verweigert.[1]

Bis Mai 2006 haben in **Leipzig** 3.200 Personen eine Aufforderung zur Senkung der KdU erhalten.

In **Göttingen** liegen im Oktober 2005 mehr »als 800 Alg II-BezieherInnen« über der Mietobergrenze; sie müssten umziehen.[2]

In **Frankfurt am Main** liegen nach Auskunft des Frankfurter Arbeitslosenzentrums keine Zahlen vor.[3]

Im Bundesland Mecklenburg-Vorpommern gibt es laut Informationen des Arbeitslosenverbandes Mecklenburg-Vorpommern noch keine Aufforderungen zur Senkung der KdU.[4]

Fatalerweise fehlen günstige Wohnungen. Eine Welle von Zwangsräumungen wird befürchtet. Obwohl den Betroffenen die Senkung der KdU nicht möglich ist, wird die Erstattung der KdU auf die angemessene Höhe gekürzt. Das setzt die Abwärtsspirale in Gang, denn nach einem Rückstand von zwei Monatsmieten kündigen die städtischen Wohnungsbaugesellschaften und leiten Räumungsverfahren ein. Doch ein Aufschrei bleibt aus. Die Menschen sind vereinzelt und durch die Behördenwillkür eingeschüchtert.[5]

Viele Betroffene sind in Gefahr, wohnungslos zu werden. Sie schlupfen bei Angehörigen oder Freunden unter. Hier entwickeln sich Überbelegung von Wohnraum, die Tag- und Nachtnutzung, Schlafuntermieter, zunehmend private Zimmeruntervermietung und illegale Mitbewohner ohne Meldeadresse. Container, Lkw-Fahrerhäuschen und Bauwagen werden zu Schlafplätzen für Bauarbeiter, Berufspendler und Arme. Hausbesetzungen drohen. Gemeinschafts- und Flüchtlingsheime sollen belegt werden.

Es wird mit wachsender Obdachlosigkeit gerechnet. Seit 1999 wächst die Gruppe von Wanderarbeitern und jungen Bauarbeitern auf der Walz. In Berlin-Neukölln nimmt das heimliche Verlassen von Wohnungen wegen Mietschulden zu. Viele ir-

---

[1] Laubenburg (2006).
[2] Göttinger Tageblatt (2005).
[3] Gespräch mit Harald Rein, FALZ e. V., Frankfurt am Main, am 7.7.2006.
[4] Telefonat mit Gerd-Erich Neumann, ALVD e. V. in Mecklenburg-Vorpommern, am 11.7.2006.
[5] Vgl. Pomrehn (2006).

ren dort mit »der Stube in der einen und der Küche in der anderen Hand« durch die Straßen. Die Anzahl bettelnder Kinder und Kleinstkinder mit dem Papi an der Hand wächst in Berlin. 2004 gab es bundesweit 345.000 Obdachlose, darunter 292.000 mit Meldeadresse und 20.000 direkt auf der Straße.[1] Die Bundesarbeitsgemeinschaft Wohnungslosenhilfe e. V. (BAG W) sieht die verdeckte Wohnungslosigkeit sprunghaft anwachsen.[2]

4.2 Unklare Maßstäbe für Mietobergrenzen

> Die Kriterien, nach denen die Behörden die »Angemessenheit« der KdU beurteilen, sind nach wie vor sehr realitätsfremd. Selbst wenn die aktuellen Tabellenwerte nach dem Wohngeldgesetz oder der örtliche Mietspiegel herangezogen werden, sagt dies nichts darüber aus, ob und in welcher Qualität preiswerter Wohnraum für Wohnungssuchende tatsächlich in welchen Quartieren verfügbar ist.
>
> Guido Grüner, Arbeitslosenselbsthilfe Oldenburg e. V.

Die kommunalen Richtlinien zu den Kosten der Unterkunft und Heizung – soweit sie überhaupt offengelegt werden – sind untereinander nicht vergleichbar. Mietobergrenzen erscheinen als Bruttowarmmiete, Bruttokaltmiete, Kaltmiete und/oder Quadratmetergrenzen und/oder Nebenkosten und/oder Heizkosten. Mitunter sind Mietkosten pauschaliert. Eine Gleichbehandlung der Alg II-BezieherInnen verschiedener Kommunen hinsichtlich des Abstandes der Mietobergrenzen zu den Durchschnittsmieten laut Mietspiegeln ist nicht vorhanden.[3] Kommunale Richtlinien zu den KdU zum Alg II sind häufig überaltet oder ihre Bemessungsgrundlagen für die Mietobergrenzen sind unklar.

In **Neumünster** wurde mit der Verwaltungsrichtlinie von 2005 die bundesweite Regelung der Wohnfläche bereits unterboten. Hier sind nur 40 qm und 184 € Grundmiete für einen erwerbsfähigen Hilfebedürftigen angemessen.[4]

---

[1] Frankfurter Rundschau (2006).
[2] BAG Wohnungslosenhilfe e. V. (2006).
[3] Übersichten des Tacheles e. V. aus 46 Städten siehe http://www.my-sozialberatung.de (2006) und des Evangelischen Bildungswerks Dortmund von Bruhn-Tripp/Tripp (2006).
[4] Stadt Neumünster (2005), S. 5.

Uralte Mietspiegel und kommunale Richtlinien von 1949 bis 1965 bilden die Bewertungsgrundlage in **Herne** und in **Bochum**. Angemessen ist ein Preis von 5,11 € pro qm.[1]

Zur Bemessung der angemessenen KdU in **Hamburg** hat die Stadt veraltetes Zahlenmaterial herangezogen. Das bildet die realen Mietpreise auf dem Wohnungsmarkt 2006 nicht ab. Im Oktober 2005 wurde der neue Mietspiegel und im Januar 2006 der neue Betriebskostenspiegel vorgelegt. Die Wohnkostentabelle für die Alg II-BezieherInnen wurde nicht erneuert.[2]

Die Nettokaltmiete in **Dortmund** darf 4,86 € pro qm betragen, hinzu kommen 1,29 € Betriebskosten pro qm. Die Höhe der Nettokaltmiete für Bedürftige existiert seit zehn Jahren Sozialhilfepraxis unverändert. Immerhin will die Dortmunder Sozialverwaltung die Nebenkosten aus der Pauschalierung der Angemessenheit herausnehmen und voll erstatten.[3]

In **Recklinghausen** liegt der »angemessene« Preis seit sieben Jahren bei 4,80 € pro qm und bei 45 qm für Alleinstehende; dies entspricht 216 € Kaltmiete. Der Mietspiegel wird nach Protesten infolge der Verschickung von rund 3.000 Aufforderungen zur Senkung der KdU neu berechnet.[4] Dasselbe gilt für **Bremen**.[5]

Weder der Mietspiegel noch die Wohnungsmieten bei Leerständen erklären in **Berlin** die Mietobergrenzen. Es ist unbekannt, ob der Festsetzung der Mietobergrenzen für Alg II-BezieherInnen eine Wohnungsmarktanalyse von Wohnungsunternehmen und Verwaltungen zugrunde liegt.

In **Offenbach** ist die Höhe der KdU am Mietspiegel orientiert.[6]

Der Bielefelder Widerspruch e. V., der Dortmunder Mieterverein, die Leipziger Linkspartei,[7] die Hamburger PDS,[8] Betroffene aus Wittenberg und Wohnungspolitiker aus Berlin[9] kritisieren, dass die Mietobergrenzen zu niedrig angesetzt sind und weit unter dem Mietspiegel liegen.

---

[1] Diederich (2006).
[2] Joithe (2006).
[3] E-Mail von Anne Eberle, Dortmund, vom 4.7.2006.
[4] Diederich (2006).
[5] Solidarische Hilfe e. V. (2005).
[6] Schreiben der MainArbeit GmbH, Februar 2006.
[7] Witte (2006).
[8] Joithe (2006).
[9] Holm (2005), S. 19–22.

In **Dortmund** liegen von 43.000 Bedarfsgemeinschaften mit durchschnittlich 1,9 BewohnerInnen 70 % mit ihren tatsächlichen Wohnkosten innerhalb der Grenzen der angemessenen Wohnkosten. Etwa 7.000 überschreiten das Limit um 10 %, weitere 3.000 um mehr als 25 %. Eine Wohnkostensenkung betrifft bis Ende Juni nach den Ruhr Nachrichten mehr als 10.000 erwerbslose Hilfebedürftige.[1] Wie sich diese Wohnungen im Stadtgebiet verteilen und wie die persönlichen, familiären und sozialen Verhältnisse der Betroffenen sind, ist dem SGB II-Träger nicht bekannt.

Während in **Oberhausen** 216 € und 45–50 qm für eine alleinstehende Person als »angemessene« Höchstmiete gelten, variiert der Betrag in **Gelsenkirchen** zwischen 236 € und 274 € bei einer Wohnfläche von 48 qm, in **Bottrop** liegt die akzeptierte Grenze bei 271 € – im Extremfall also eine Differenz von rund 60 €.[2]

In **Bielefeld** liegt der Quadratmeterpreis bei 4,64 €, während das Mittel des Bielefelder Mietspiegels 5,07 € pro qm für normale, nicht so gute Wohnanlagen vorsieht.[3]

Der Maßstab für die Angemessenheit der Wohnkosten von 3,85 € Kaltmiete, 1,37 € Betriebskosten und 0,95 € Heizkosten in **Leipzig**, insgesamt 6,17 € pro qm, basierte auf der ca. 16.000 zu versorgenden Haushalten im Sozialhilfebezug vom Sommer 2004. Laut Leipziger Mietspiegel 2005 liegt die Kaltmiete durchschnittlich bei 4 €.[4]

Die Zahl der Umzugsaufforderungen hat sich halbiert, aber über 1.000 Erwerbslosen droht in **Göttingen** weiterhin der Möbelwagen.[5] In **Hannover** wohnen ungefähr 10.000 Mieter mit Alg II zu teuer.[6]

Die Linkspartei geht in **Hamburg** von 12.000 Haushalten mit nicht angemessenen Mieten aus.[7] Die Mieten in **Bremen** sind in fast 14.000 Alg II- Haushalten höher als die bisher vorgesehenen »angemessenen« Obergrenzen.[8]

In **Essen** und in **Düsseldorf** werden weniger Aufforderungen zur Kostensenkung verschickt als vergleichsweise in **Dortmund**, **Bochum** oder **Duisburg**. In **Düsseldorf** sind Mietobergrenzen höher, es gibt eine exakte Einzelfallprüfung und eine

---

[1] E-Mail von Anne Eberle, Dortmund, vom 13.7.2006.
[2] Vogel (2005).
[3] E-Mail von Ulrike Gieselmann, Widerspruch e. V. in Bielefeld, vom 9.3.2006.
[4] Witte (2006).
[5] Arndt (2006).
[6] Neue Presse (2005).
[7] Joithe (2006).
[8] Solidarische Hilfe e. V. (2005).

differenzierte Verwaltungsrichtlinie. Offensichtlich gibt es dort nicht genügend günstigen Wohnraum. Das Sozialgericht Düsseldorf erhöhte deshalb rückwirkend zum 1.5.2006 die Miethöchstsätze für die Anmietung einer Wohnung unter dem Alg II von 6,40 € inklusive Betriebskosten und Heizkosten auf 7,35 € inklusive Betriebs- und Heizkosten.[1]

In **Kiel** wurden im vergangenen Jahr zwar noch bis zu 15 % der Überschreitungen der KdU von der ARGE akzeptiert, 2006 durften es auf einmal nur noch bis zu 8 % sein.[2]

---

[1] Schreiben von Norbert Hermann, Unabhängige Sozialberatung, Bochum, vom 28.6.2006.
[2] Telefonat mit W. Otto, Arbeitsloseninitiative Kiel e. V., am 10.3.2006.

4 Vertreibungen haben begonnen

Die Grenze für die Kaltmiete für eine Person in Baden-Württemberg 2001 im Vergleich zu den Obergrenzen nach Wohngeldtabelle und Marktpreisen für eine Einzelperson[1]

Sozialamt	45 qm und Obergrenze	Mietobergrenze nach § 8 WoGG	Unterdeckung	Marktpreise	Unterdeckung
Karlsruhe	218,58 €	300,00 €	– 27,1 %	Kein Mietspiegel	
Rhein-Neckar-Kreis	230,11 €	350,00 €		288,90 €	– 20 %
Göppingen	185,29 €	300,00 €		297,94 €	– 22 %
Ravensburg	260,00 €	300,00 €		300,00 €	– 13 %
Waiblingen	373,00 €	325,00 €		299,25 € Whg. Baujahr 1979 laut Mietspiegel WN 7/04	+ 25 %
Ludwigsburg	265,00 €	325,00 €		317,19 € Whg. Baujahr 1979 laut fortgeschriebenem Mietspiegel WN 6/02	+ 14 %
Böblingen	320,00 €	350,00 €		280,62 € Whg. Baujahr 1979 laut fortgeschriebenem Mietspiegel WN 5/03	+ 14 %
Pforzheim	210,00 €	300,00 €		265,62 €	– 21 %
Esslingen	276,00 €	350,00 €		334,56 €	– 18 %
Stuttgart	299,00 €			328,05 €	– 9 %
Heilbronn	239,85 €			320,15 €	– 25 %

Aus **Itzehoe** wird vom Versuch des SGB II-Trägers berichtet, die angemessenen »Quadratmetergrenzen« herunterzudefinieren. Das Sozialgericht habe jedoch die »anerkannte Größe« von 60 qm für einen Zweipersonenhaushalt bestätigt.[2]

---

[1] Vgl. Claus (2003).
[2] BAG-SHI (2006), S. 5.

In **Wilhelmshaven** gibt es keinen Mietspiegel, an der sich die KdU im Alg II messen. 258 € billigt die Stadt Wilhelmshaven einem allein lebenden Arbeitslosen an Miete inklusive Nebenkosten zu (im Kreis Friesland sind es übrigens 280 €).[1]

In **Kassel** gibt es Wohnkostenpauschalen von 250 €. Der Wohnungsleerstand ist sehr hoch und die Mieten sind preiswert. Allein Lebende kommen mit der Pauschale gut aus, Familien weniger.

In **Marburg** beginnt der SGB II-Träger mit der Wohnkostenpauschalierung. Der Wohnraum dort ist zumeist sehr klein. Viele Menschen leben in Wohngemein-

---

[1] Gegenwind (2005).

schaften. Auch dort können unter Umständen Pauschalen günstig sein. Kabelgebühren und Stellplatzkosten für Autos werden nicht ersetzt.[1]

In **Oldenburg** wurden die Mietobergrenzen im Vergleich zur Sozialhilfe um 50 € bis 70 € hochgesetzt.[2]

Die Höhe der angemessenen Miete in **Bonn** war 2006 nicht mehr realistisch. Von den 20.000 Alg II-BezieherInnen hätten viele die Koffer packen müssen. Der Mieterverein Bonn kritisierte, dass es kleine 45 qm-Wohnungen nicht gäbe und derzeit Quadratmetermieten von 7,20 € als günstig gälten. Zur Entlastung der Alg II-BezieherInnen hat das Sozialgericht Köln in einem Eilverfahren neue Richtlinien zur angemessenen Miete verhängt. Bevor die Miete reduziert werde, müssten die Alg II-Träger zuerst prüfen, ob überhaupt günstigere Wohnungen zur Verfügung stehen. Sei dies nicht der Fall, müsse die tatsächliche Miete übernommen werden.[3]

---

[1] Telefonat mit Martin Bongards, ver.di Mittelhessen, Erwerbslosenausschuss, am 21.7.2006.
[2] Telefonat mit Guido Grüner, Arbeitslosenselbsthilfe Oldenburg e. V., am 10.3.2006.
[3] Kölner Stadt-Anzeiger (2006).

5 BILLIGER WOHNRAUM FEHLT

> Der moderne Mensch verbringt immerhin mehr als 95 Prozent seiner Lebenszeit in geschlossenen Wohn-, Arbeits- und Schlafräumen. Die Räume – unsere Wohnung – sind unser erweiterter Körper. Sie sind unsere »dritte Haut«, gleich nach der Kleidung. Folglich bestimmen sie unser Wohlergehen maßgeblich mit. Von diesen Räumen wird fast Unmögliches verlangt: Sie sollen für Kleinlebewesen abstoßend (antibiotisch) sein – denn Schimmelpilze, Milben, Bakterien, »Ungeziefer« usw. sind eine ernste Bedrohung für unsere Gesundheit. Zugleich sollen sie für Großlebewesen weitgehend unschädlich sein – für uns selbst, unsere Kinder, Haustiere und Zimmerpflanzen.
>
> Klaus H. Eiserhardt

5.1 Keine Wohnungen für Arme

RP Online stellt fest, dass Hartz IV einem Alleinstehenden eine durchschnittliche Kaltmiete von 230 € bei ca. 50 qm gewährt. Nach den Mietspiegeln reicht dieser Betrag regelmäßig nicht. Speziell die Großstädte liegen weit darüber. In München beträgt die durchschnittliche Kaltmiete für einen Alleinstehenden in einer 50 qm großen Neubauwohnung 588 €, in Köln und in Düsseldorf 460 € und in Frankfurt am Main 450 €, in Hamburg 438 €, in Freiburg 380 €, in Karlsruhe 350 €, in Essen und in Dortmund 320 €, in Bremen 310 €, in Erfurt 300 €, in Berlin 290 €, in Hannover 281 €, in Leipzig 267 €, in Pirmasens 250 €.[1]

Arbeitsloseninitiativen, ver.di- und IG-Metall-Erwerbslosenausschüsse aus Köln, Bonn, Bremen, Bielefeld, Wittenberg, Berlin, Freiburg und Paderborn sowie der Mieterverein aus Bochum[2] berichten, dass Wohnraum innerhalb der Mietobergrenzen im Alg II-Bezug nicht oder nicht ausreichend verfügbar sei. Das Wohnen für Arme wird von den SGB II-Vorschriften, den kommunalen Mietobergrenzen und vom lokalen Wohnungsmarkt diktiert.

---

[1] RP Online (2006).
[2] Finkbeiner (2006).

5 Billiger Wohnraum fehlt

In **Bielefeld** wohnen 2.600 sozialleistungsbeziehende Haushalte »zu teuer«. So viele leere billige Wohnungen gibt es nicht.

Im November 2005 gab es in **Bremen** höchstens 300 Wohnungen innerhalb der Mietobergrenzen. Aber 10.000 Haushalte überschreiten die Mietobergrenzen.[1] Werner Ahrens von der Arbeitsloseninitiative **Wilhelmshaven/Friesland** studierte aufmerksam die Mietangebote in der Zeitung. Er fand nur eine einzige Wohnung, die mit 190 € ohne Nebenkosten wohl in voller Höhe vom SGB II-Träger anerkannt würde.[2]

In **Berlin** sind nicht genügend Wohnungen für Alg II-EmpfängerInnen vorhanden, meinte bereits 2005 der Geschäftsführer vom Berliner Stadtforschungsinstitut.[3] In Berlin steht eine ganze Großstadt leer, aber es gibt zu wenig preisgünstige Wohnungen. Auf ein Angebot im unteren Einkommenssegment – weniger als 4 € Kaltmiete pro qm – kommen zwei Gesuche.[4] Der Vorstandschef der Berlin-Brandenburgischen Wohnungsunternehmen sieht Abriss, stärkere Nachfrage und Verkauf leer stehender Wohnungen als Gründe für den Rückgang ihres Anteils in Ost-Berlin von 8,7 % im Jahre 2000 auf 6,5 %. Im selben Zeitraum wuchs der Anteil der nicht vermieteten Wohnungen im Westteil der Stadt von 3 % auf 4,3 %, weil die Mieten der Sozialwohnungen bis zu einem Euro über den Quadratmetermieten des freien Marktes von 4,49 € liegen. Ein Grund ist der Abbau von Fördergeldern des Landes Berlin, die von Eigentümern nun auf die Mieten aufgeschlagen werden können.[5]

Der Senat für Stadtentwicklung findet im dritten Quartal 2005[6] nur noch 2.484 Angebote im Onlineservice ImmobilienScout24 im Preissegment bis 4,00 € Brutto.[7] Eine Annoncenrecherche in Berlin am 15.4.2006 ergab, dass es im Mietsegment der AV Wohnen für 1- und 1 1/2-Raum-Wohnungen ein kleines Angebot von Wohnungen unterhalb von 360 € gibt, aber z. B. nicht in Kreuzberg. »Bei 444 € und 542 € war der Wohnungsmarkt schlecht. Allein Erziehende und Familien mit Alg II haben kaum Chancen, ihre KdU durch Umzug zu senken.«[8]

---

[1] Solidarische Hilfe e. V. (2005).
[2] Vgl. Gegenwind (2005).
[3] Nowak (2006c).
[4] Paul, Ulrich (2006b).
[5] Paul, Ulrich (2006a).
[6] Senatsverwaltung für Stadtentwicklung Berlin (2005).
[7] Richter, Christiane (2006), S. 19.
[8] Kampagne gegen Zwangsumzüge (2006).

5.1 Keine Wohnungen für Arme

In **Bochum** wurden 22.700 Alg II-EmpfängerInnen auf die Höhe ihrer Miete überprüft.[1] 1.422 Erwerbslose wurden zum Auszug aufgefordert, obwohl günstige Mietwohnungen noch rarer sind als Arbeitsplätze. Am Jahresbeginn fanden sich unter 136 Zeitungsannoncen exakt zwei Wohnungsangebote mit einer Miete bis 200 €. Eine allein Lebende dürfte nach Mietspiegel eine Wohnung mit 45 qm und 4,87 € pro qm haben; mit Nebenkosten darf die Wohnung 219,15 € kosten.[2] Bevor die ARGE zum Umziehen drängt, müsste sie erst einmal nachweisen, dass in Bochum 800 preiswerte Wohnungen zu haben sind – ärgert sich der DGB-Chef der Region Ruhr-Mark, Michael Hermundt.[3] Denn es gibt nicht genug freie Wohnungen, die den ARGE-Kriterien entsprechen. 75 % der Wohnungen in Bochum stammen aus den Baujahren 1950 bis 1969. Das sind die den Richtlinien entsprechenden Hartz IV-Wohnungen. Aber Modernisierungsmerkmale wie Balkone, Wärmedämmung oder Gegensprechanlagen, die die Wohnung verteuern, sind zwar als Zuschläge im Mietspiegel, nicht aber bei der Bildung der Mietobergrenzen berücksichtigt worden.[4]

Im März 2006 standen in **Freiburg** 600 Leute auf der Notfallkartei, weil es keine geeigneten Wohnungen gibt.[5]

In **Göttingen** mussten die Behörden zurückrudern, nachdem das Stadt- und Wohnungsforschungsinstitut »GEWOS« belegt hatte, dass es viel zu wenige preiswerte Wohnungen gibt. Jetzt übernimmt der SGB II-Träger auch höhere Mieten, für Alleinstehende bis zu 325 €. Früher waren es 245 €.[6]

In **Oberhausen** gab es im August 2005 ganze vier freie Wohnungen nach den Kriterien der SODA (ARGE).[7] Wie im 5. Existenzminimumbericht gelten hier 216 € für 45–50 qm für Alleinstehende.

In **Gelsenkirchen** variiert der Betrag zwischen 236 € und 274 € bei einer Wohnfläche von 48 qm.

In **Bottrop** liegt die angemessene Höchstmiete bei 271 €. Im Extremfall sind hier 60 € in umliegenden Städten mehr angesetzt als vor Ort.

---

[1] Finkbeiner (2006).
[2] Arndt (2006).
[3] Ebd.
[4] Hoffmann (2006).
[5] Auskunft von Ingrid Wagner, ver.di-Erwerbslosenausschuss Freiburg, vom 15.3.2006.
[6] Vgl. Arndt (2006).
[7] Diederich (2005).

In **Dortmund** gibt es 38.000 Sozialwohnungen. Angeblich lägen die Mieten dort unter 4,86 € pro qm. In den Wohnungsämtern gibt es nach wie vor Wartelisten, deren Zahlen nicht bekannt sind.[1]

In **Duisburg** kommt auf zehn Aufforderungen zur KdU-Senkung eine frei auf dem Markt verfügbare Wohnung.[2]

In **Leipzig** fehlen gerade Ein- bis Zweizimmerwohnungen mit angemessenen Wohnkosten, auf die über 80 % der Betroffenen angewiesen sind.[3]

Diese Zahlen belegen, dass eine passende Wohnung zu finden wie die Suche nach der Stecknadel im Heuhaufen ist.

Eine Stichprobe in **Berlin** zur Qualität der vorhandenen Wohnungsangebote für Alg II-BezieherInnen im März 2006 ergab, dass sämtliche Wohnungen – gemessen am Wohnstandard von jemandem, der 29 Jahre gearbeitet hat – Bruchbuden sind.[4] Sie sind nicht renoviert oder haben keine Tapeten. Die Fenster sind alt, die Wohnungstüren ungedämmt. Die sanitären Anlagen sehen aus wie nie ausgewechselt. Einmal war die Toilette eine halbe Treppe tiefer, mitunter ist schwarzer Schimmel im Bad oder das Abflussrohr verläuft mitten über den Korridor. Es zeigt sich, dass besonders Wohnungen mit Ofenheizung unterhalb der Mietobergrenzen liegen. Auch bei der GESO-BAU in Berlin-Buch finden sich reihenweise Zweiraumwohnungen zu 430 € in unsaniertem Plattenbau, deren Fußböden teilweise aus blankem Beton mit Löchern bestehen und die nur nicht tapezierte, teils feuchte Betonwände, unverkleidete Sanitäreinrichtungen und Fenster mit Einfachverglasung haben. In diese Bruchbuden zieht keiner ein.

Die Folge: Die Alg II-Bezieher bleiben in ihren alten Wohnungen oder müssen dort bleiben. Und die von den SGB II-Trägern vorenthaltenen KdU versuchen sie über den erbärmlich niedrigen Regelsatz zu finanzieren; regelmäßig zulasten der Ernährung.

---

[1] E-Mail von Anne Eberle, freiberuflich zu Sozialgesetzen unterrichtend, zur Umzugsproblematik bei Hartz IV in Dortmund, vom 23.4.2006.
[2] BAG-SHI (2006), S. 5.
[3] Witte (2006).
[4] Bericht von K. S., Kampagne gegen Zwangsumzüge Berlin, im April 2006.

5.2 Kommunale Wohnungsprivatisierung

Zeitgleich mit Zwangsumzügen und Wohnraumverlust wegen Mietschulden werden preisgünstige Wohnungen vernichtet. Im Osten wurden und werden Zehntausende von Wohnungen abgerissen, z. B. in Dresden. In Westdeutschland wird mit Hilfe des Bundesprogramms »Stadtumbau West« der Abriss zehntausender Wohnungen finanziert.[1]

In **Köln** gibt es erheblichen Wohnungsmangel. Seit 2005 gibt es dort anhaltenden Widerstand der Bevölkerung gegen den Abriss preiswerter Wohnungen. Viele Organisationen unterstützten die Besetzung des Barmer Viertels, wo völlig intakte, solide Wohnungen für 1.000 Menschen zum Teil aus den 1950er-Jahren, zum Teil Gründerzeitbauten, abgerissen werden sollen. Mit Kaufpreis, Zinsen und Abriss addieren sich die Kosten für diese Wohnraumvernichtung auf rund 100 Millionen Euro! In Köln-Deutz war der Bau von Hochhäusern geplant, obwohl dort heute noch Wohnhäuser mit 381 Wohnungen (leer-)stehen.[2]

Die Möglichkeiten für Alg II-BezieherInnen, eine neue Wohnung zu finden, werden in naher Zukunft durch die massenhafte Privatisierung von öffentlichen geförderten Sozialwohnungen durch die Kommunen noch weiter eingeschränkt:[3] Dagegen gibt es seit 2005 bundesweit wachsenden Widerstand.

In **Düsseldorf** wurden am Jahresende 2005 106.000 Wohnungen der LEG verkauft.[4] Das »Bündnis gegen Privatisierung der LEG«[5] sammelte für eine Volksinitiative 66.000 Unterschriften. Sie fürchten massive Mieterhöhungen, eine Verdrängung von Mietern nach Ablauf der Sperrfrist zur Umwandlung von Miet- in Eigentumswohnungen, Personalabbau bei der LEG und wachsende Wohngeldansprüche.

Die Stadt **Dresden** verkauft als erste deutsche Kommune ihren kompletten Wohnungsbestand. Der Stadtrat stimmte dem Verkauf der städtischen Wohnungsbaugesellschaft Woba mehrheitlich zu. Damit tilgt die Stadt auf einen Schlag ihre 741,4 Millionen Euro Schulden. Die US-amerikanische Investorengruppe Fortress hat für die rund 48.000 Wohnungen 1,7 Milliarden Euro geboten.[6]

---

[1] Mertens (2006).
[2] Ebd.
[3] Kirbach (2006).
[4] Sträßer (2006).
[5] Bestehend aus Mieterverein Dortmund, Deutscher Mieterverband NRW e. V, ver.di NRW FB 13, Mieterverein Wuppertal.
[6] stern.de (2006).

In **Freiburg** wollte der grüne Oberbürgermeister D. Salomon den kompletten kommunalen Bestand der »Stadtbau« mit rund 8.900 Wohnungen an einen privaten Investor verkaufen, nachdem 2005 bereits 750 Wohnungen zur Schuldentilgung verkauft wurden.[1] Die Bürgerinitiative »Wohnen ist Menschenrecht« (Stadtteilbüro, Forum, Bürgerverein Weingarten, SPD, Unabhängige Liste bis hin zu Teilen der CDU) lehnt die Privatisierung ab ebenso wie die Architekten und Ingenieure der Architektenkammer Freiburg Stadt.[2] Sie organisierten ein Bürgerbegehren für den Erhalt der städtischen Wohnungen in einer »Anti-Heuschrecken-Kampagne« und führten am 1.7.2006 einen Sternmarsch durch. Der Freiburger Wohnungsmarkt wird immer enger, Mieten und die Obdachlosigkeit steigen. Mehr als die Hälfte der alleinstehenden Männer aus der Notfallkartei haben als Grund für die Wohnungssuche »Obdachlosigkeit« angegeben, bei den Alleinstehenden ist die Einkommenssituation der überwiegende Grund. Der Anteil an allein Erziehenden ist bei den Frauen überproportional hoch. Inzwischen wurde die Privatisierung durch ein Volksbegehren gestoppt.

In **Bremen** werden oder sind bereits ehemalige gemeinnützige Wohnungsbaugesellschaften privatisiert. Die Stadt Bremen verkaufte die Bremische (7.000 Wohnungen), die Brebau (4.000 Wohnungen), die Beamtenbau (4.500 Wohnungen) an private Investoren. Die GEWOBA (44.000 Wohnungen) soll an die Börse gehen, ein Teil wurde von der Stadt verkauft.[3]

In **Paderborn** gehören sämtliche Wohnungsbestände den Banken und Kreditinstituten. Eine Schreiben des Frauenarbeitslosenbüros ergab, dass es mehrheitlich keine Wohnungen im niedrigen Mietpreissegment gibt und dort, wo es welche gibt, die Vermieter nicht bereit sind, an Alg II-Bezieher zu vermieten.[4]

In **Offenbach** arbeitet der SGB II-Träger zur Flankierung der Eigenbemühungen bei der Senkung der KdU mit privaten Maklern zusammen.[5] Die sind nicht bereit, für die Alg II-Bezieher ohne Courtage zu arbeiten oder ihnen ein Schreiben zur Nichtannahme des Auftrags auszustellen.[6] Auch so ist keine Wohnung zu finden.

Eine kontinuierliche Zusammenarbeit zwischen SGB II-Trägern, Kommunen und Wohnungsunternehmen zur Wohnungserhaltung und -beschaffung scheint es in vielen Städten noch nicht zu geben. Einige Wohnungsunternehmen suchen von

---

[1] E-Mail von Ingrid Wagner, ver.di-Erwerbslosenausschuss Freiburg, zur Beantwortung der Fragen zu Kosten der Unterkunft und Umzugsproblematik, vom 4.7.2006.
[2] http://www.wohnen-ist-menschenrecht.de
[3] Solidarische Hilfe e. V. (2005).
[4] Telefonat mit Susanne Bornefeld, Frauenarbeitslosenbüro Paderborn, am 13.3.2006.
[5] Schreiben der MainArbeit GmbH, Februar 2006.
[6] Gespräch mit Harald Rein, FALZ e. V., am 7.7.2006.

sich aus die Zusammenarbeit mit den SGB II-Trägern. Denn die Anzahl der säumigen Mietzahler wuchs seit 2005 drastisch. Öffentliche Wohnungsunternehmen haben kein Interesse an massenhaften Räumungen und Leerstand in ihren Beständen. Sie wollen die Mieten und eine kontinuierliche Vermietung. Deshalb gehen Wohnungsunternehmen z. B. in **Hamburg, Flensburg,** dem **Land Brandenburg** und **Berlin** neue Wege: Sie richten u. a. Mieter- und Sozialberatungsstellen ein, probieren soziales Inkassomanagement, bieten Mietern Beratung über die Ursachen der Mietrückstände an, kontaktieren die SGB II-Träger oder initiieren kommunale runde Tische.[1]

Private Vermieter nehmen auf die Situation ihrer BewohnerInnen in der Regel wenig Rücksicht. Vermieter können nach zwei ausgebliebenen Mieten den Mietvertrag fristlos kündigen, umgehend die Freigabe der Wohnung verlangen und auf Zahlung und Räumung klagen.

---

[1] Tagung der Berlin-Brandenburgischen Akademie der Wohnungs- und Immobilienwirtschaft e. V., Berlin, 24.9.2006.

6 DAS DRAMA MIT DER »ZWEITEN MIETE«

6.1 Heiz-, Strom- und Betriebskostenexplosion

Infolge der Explosion der Preise für das Heizen werden arme Haushalte mit wachsenden Lebenshaltungskosten belastet. Kommunen deckeln die KdU, weil sie die Kosten nach SGB II aufbringen müssen. Die Stromkosten für Haushaltsenergie zahlen die Alg II-BezieherInnen aus der Regelleistung.

Seit 2005 wächst die Anzahl derjenigen, die ohne aufstockendes Alg II von ihrer Erwerbsarbeit nicht mehr existieren können und zusätzlich Zuschüsse zu den KdU beim SGB II-Träger beantragen müssen. Die Anzahl derer wächst, deren KdU sich auf die kommunal festgelegte Mietobergrenze zubewegen oder diese Grenze bereits überschreiten. Das resultiert hauptsächlich aus den Preiserhöhungen der Betriebskosten für Heizung und Strom.

In Berlin wurde zum zweiten Mal in diesem Jahr vom Konzern Vattenfall Europe der Strompreis erhöht. H. Wolf, Senator für Wirtschaft- und Arbeit, gab der GASAG 2005 grünes Licht für Gaspreiserhöhungen. Sie erhöhte die Tarife zum 1.10.2005 um durchschnittlich 10,9 % und zum 1.1.2006 nochmals um 8 % – 12 % wegen der höheren Ölpreise, an denen sich der Gaspreis orientierte. Die Verbraucherzentrale konnte dies nicht nachvollziehen. 38 GASAG-Kunden klagten erfolgreich gegen die Preiserhöhung. Das Landgericht Berlin (Urteil vom 19.6.2006 – 34 O 611/05) sah keine Rechtsgrundlage für die Erhöhung wegen intransparenter Geschäftsbedingungen. Die rund zehnprozentige Erhöhung der Tarife vom 1.10.2005 ist in Teilen unwirksam. Rückzahlung können alle erwarten, die seit damals ihre Gasrechnung nur unter Vorbehalt zahlten.[1]

In **Berlin** gab es 2004 25.000 Stromsperren, in **Kassel** 19.000 und 2005 in **Frankfurt am Main** 11.104. In anderen Städten ist das ähnlich.[2] Über § 23 Abs. 1 SGB II werden Energierückstände von den SGB II-Trägern ebenso selten übernommen wie seit dem 1.8.2006 über den § 22 Abs. 5 SGB II.[3]

Um den Strom wieder einzuschalten, verlangen Stromanbieter die einmalige Barzahlung der Endabrechnung nach Mitteilung der Zählerablesung. Diese Rechnung kann kaum ein Alg II-Bezieher auf einmal zahlen.

---

[1] Lavall (2006).
[2] Allex et al. (2006).
[3] Bescheid vom SGB II-Träger Neukölln an Herrn R. vom 21.9.2006.

In **Dortmund** erfolgte keine Information der Stadtwerke über die Preissteigerung bei Fernwärme, die für die Heizkosten relevant sind. Die Preiserhöhung macht sich erst bei der nächsten Abbuchung der Kosten bemerkbar.[1]

Heiz- und Betriebskosten, insbesondere Müllgebühren steigen. Der Mieterbund Freiburg veröffentlichte deshalb einen Betriebskostenspiegel, speziell für **Baden-Württemberg**. Dort sind die Heizkosten überall überproportional hoch. Alg II-Empfänger müssen bei geringem Heizkostenansatz öfters frieren, da sie zwar im Sommer eine kühle Wohnung haben, aber im Winter sehr viel heizen müssen. Bei Nachzahlungen der jährlichen Nebenkostenabrechnung gibt es regelmäßig Probleme mit dem SGB II-Träger, und es muss häufig geklagt werden.[2]

2005 versuchten SGB II-Träger in Einzelfällen, Heizkostenguthaben von der Regelleistung als Einkommen abzuziehen. Im Fortentwicklungsgesetz ist seit 1.8.2006 der Umgang mit Rückzahlungen und Guthaben aus Betriebs- und Heizkosten geklärt. Nach § 22 Abs. 1 SGB II mindern sie nach dem Monat der Rückzahlung oder der Gutschrift die entstehenden Aufwendungen. Rückzahlungen aus Stromvorauszahlungen bleiben außer Betracht.

2005 konnten allein lebende und allein erziehende ehemalige SozialhilfebezieherInnen in Berlin die ein Jahr lang gestundeten Heizkostenschulden an die Sozialämter nicht zurückzahlen.[3]

6.2 Fehlende oder überholte Angemessenheitsmaßstäbe

In vielen kommunalen Richtlinien fehlen Richtwerte für Heiz- und Warmwasserkosten. Mit Heizkostenpauschalen kommen Bedürftige nicht aus. Denn die Pauschalen berücksichtigen die Preiserhöhungen für die Heizung nicht oder viel zu spät.

Seit 1996 gelten in **Bremen** Heizkosten von 1 € pro qm als angemessen. Nur wenige bekommen damit ihre Wohnung warm. Allein seit September 2004 stieg der Preis für Heizöl und Gas um ca. 4 %. Bei über 7.000 Menschen wurde die Versorgung mit Energie eingestellt.[4]

---

[1] E-Mail von Anne Eberle, Dortmund, vom 13.7.2006.
[2] E-Mail von Ingrid Wagner, ver.di-Erwerbslosenausschuss Freiburg, zur Beantwortung der Fragen zu Kosten der Unterkunft und Umzugsproblematik, vom 4.7.2006.
[3] Notruftelefon der Kampagne gegen Zwangsumzüge am 22.3.2006.
[4] Solidarische Hilfe e. V. (2005).

6 Das Drama mit der »zweiten Miete«

In **Bremen** gab es im letzten Jahr Proteste gegen die gering angesetzten Heizkostenobergrenzen.

Auch in **Marburg** beträgt die Heizkostenpauschale 1 € pro qm. In kleinen Mietwohnungen in der Innenstadt ist dies günstig. Doch wenn Leute im Landkreis in den Bergen wohnen und im Miets- oder Eigentumshäuschen neben der Holzbeheizung wegen der mangelhaften Wärmedämmung noch eine Gastherme betreiben, kommt es regelmäßig zu Schwierigkeiten bei der Abwicklung der Heizungskosten.[1]

Eine Alg II-Empfängerin aus **Berlin-Neukölln** soll dem SGB II-Träger nachweisen, dass die Betriebs- und Heizkosten korrekt festgesetzt sind. Vorher erfolgt keine Kostenübernahme.

»Ich bin zur Zeit damit beschäftigt, wegen meiner Heiz- und Betriebskostenabrechnung zwischen Vermieter und Jobcenter hin- und herzurennen. Wer ist mein größerer Feind, das Jobcenter, das nicht zahlt oder der Vermieter?«[2]

In Baden-Württemberg hat sich Protest gegen dürftige Heizkostenpauschalen entwickelt.

---

[1] Telefonat mit Martin Bongards, ver.di Mittelhessen, Erwerbslosenausschuss, am 21.7.2006.
[2] Neuköllner Hartz IV-Betroffene (2006).

6.2 Fehlende oder überholte Angemessenheitsmaßstäbe

Die Obergrenzen für Nebenkosten und Heizkosten für Einpersonenhaushalte im Land Baden-Württemberg 2001 im Vergleich zu den Obergrenzen nach Wohngeldtabelle und Marktpreisen[1]

Sozialamt	Heizkosten			Nebenkosten		
	Pauschale	Marktpreise	Unterdeckung	Pauschale	Marktpreise	Unterdeckung
Karlsruhe	34,00 €[1]	51,20 €	–34 %	43,46 €	62,85 €	–31 %
Rhein-Neckar-Kreis	36,60 €	49,00 €	–25 %	26,89 €	62,85 €	–57 %
Göppingen	35,28 €	45,25 €	–22 %			
Ravensburg		54,79 €	–36 %	35,28 €		–36 %
Waiblingen	35,28 €[2]	54,79 €	–36 %			
Ludwigsburg	35,28 €[2]	54,79 €	–36 %			
Böblingen	35,28 €[2]	54,79 €	–36 %			
Pforzheim	35,28 €[2]	54,79 €	–36 %			
Esslingen	35,28 €[2]	54,79 €	–36 %			
Stuttgart						
Heilbronn	43,65	60,63 €	–28 %	61,20 €	62,85 €	–3 %

[1] Gas.
[2] BaWü-Richtlinie.

Zu den Höchstgrenzen der Grundmiete kommen in **Freiburg** Pauschalen für die Neben- und die Heizkosten sowie die Müllgebühr hinzu. Die Mietobergrenze in Freiburg liegt bei 5,62 € pro qm. In Einzelfällen werden die Pauschalen überschritten. Generell wird auch bei Menschen in Notunterkünften eine Pauschale für Strom- und Warmwasserzubereitung herausgerechnet (vgl. Sozialgericht Freiburg, Urteil vom 12.8.2005 – S 9 AS 1048/05). Wegen der Pauschalen wollte der SGB II-Träger die Betriebskostennachforderung einer Betroffenen aus der

---

[1] Claus (2003).

Jahresabrechnung 2005 nicht zahlen und ihr für das Jahr 2005 nur 157,05 € Heizkosten anerkennen.[1]

In **Berlin** werden jedem erwerbsfähigen Hilfebedürftigen mit Fernheizung 9 € **für Warmwasser** von den KdU abgezogen. Dies führt zu Widerspruch und Klage, wenn in der jeweiligen Heizkostenrechnung der Betrag niedriger ausgewiesen ist. Lebt ein weiterer Alg II-Bezieher in der Wohnung, werden ihm zusätzlich 3,90 € abgezogen.

In **Marburg** liegt die **Warmwasserkostenpauschale** bei 9,00 €. Das ist zu hoch, doch die Leute widersprechen nicht, wenn ansonsten der Alg II-Bescheid stimmt.[2] In **Neumünster** liegen die Vorauszahlungsbeträge für Warmwasser nur bei 3,50 € pro Person.[3]

Gespräche auf der Bundesfachtagung der BAG-SHI e. V. zeigten, dass die Kosten für Warmwasser in den verschiedenen Orten stark differieren und die SGB II-Träger keine Berechnungsgrundlage dafür angeben. Die Sozialgerichte orientieren sich eher an den Bestimmungen in den kommunalen Richtlinien zum Alg II, da auch ihnen die Berechnungsgrundlagen nicht bekannt sind.

---

[1] E-Mail von Ingrid Wagner, ver.di-Erwerbslosenausschuss Freiburg, zur Beantwortung der Fragen zu Kosten der Unterkunft und Umzugsproblematik, vom 4.7.2006.
[2] Telefonat mit Martin Bongards, ver.di Mittelhessen, Erwerbslosenausschuss, am 21.7.2006.
[3] Stadt Neumünster (2005), S. 3.

7 RECHTSUNSICHERHEIT IM VOLLZUG

> Eine Dame ist auf der Straße ohnmächtig geworden. Schutzleute wollen ihr aufhelfen und sprechen ihr Mut zu.
> »Nur nich jleich zusammenklappen, wie is ihre Adresse, Froillein?«
> Da schlägt die Dame die Augen auf und flüstert: »Postlagernd!«
>
> Heinrich Zille

7.1 Rechtswidrige Aufforderungen

Große Unterschiede gibt es bei rechtlicher Durchsetzung der Senkung der KdU.

Kulant zeigt sich die ARGE **Frankfurt am Main**.[1] Sie gibt sich nach der meist formal korrekten Aufforderung zur Senkung der KdU damit zufrieden, dass die Betroffenen sich bei öffentlichen Wohnungsbaugesellschaften bewerben. Sie müssten dies dokumentieren. Allerdings reagiert die ARGE prompt, wenn die tatsächliche Miete über der kommunalen Mietobergrenze liegt.

In **Freiburg** tragen sich Suchende in eine Notfallkartei ein. Solange nachweislich keine billigen Wohnungen zu finden sind, werden von der ARGE auch die tatsächlichen Unterkunftskosten weitergezahlt. Sie müssen allerdings 20 Eigenbemühungen zur Wohnungssuche monatlich nachweisen, manchmal verlangt die ARGE sogar die Zusendung des kompletten Zeitungsangebotes.[2]

Viele Aufforderungsschreiben geben weder Aufschluss über konkrete Aktivitäten und erforderliche Nachweise noch enthalten sie eine Rechtsbehelfsbelehrung. In **Lörrach** fehlt den Schreiben oft der Hinweis, was passiert, wenn nachweislich keine neue Wohnung mit angemessener Miete gefunden werden kann. Fast nie werden Betroffene darüber unterrichtet, dass bei nachgewiesenen erfolglosen Eigenbemühungen die KdU in tatsächlicher Höhe weitergezahlt werden.[3] Das ist in **Berlin, Bochum, Dortmund** und **Oberhausen** ebenso.

---

[1] Auskunft von Harald Rein, Frankfurter Arbeitslosenzentrum e. V., vom 9.3.2005.
[2] Auskunft von Ingrid Wagner, ver.di-Erwerbslosenausschuss Freiburg, vom 15.3.2006.
[3] Ebd.

In **Berlin** werden Alg II-BezieherInnen bis Juni 2006 nicht darüber aufgeklärt, dass Eigenbemühungen verlangt und welche anerkannt werden.

In **Bielefeld** müssen sich die Alg II-BezieherInnen bei der Bielefelder GW und acht weiteren Wohnungsanbietern registrieren und dies auf einer Liste bestätigen lassen. Die Bescheinigung ist spätestens einen Monat nach dem Erhalt der Aufforderung bei der ARGE vorzulegen. Nach Ablauf von drei Monaten müssen Leistungsberechtigte nachweisen, ob ihnen Wohnungsangebote der Gesellschaften unterbreitet wurden. Abgestempelt von allen Wohnungsgesellschaften ist eine »Bestätigungsliste über die Wohnungsangebote« vorzulegen. Beide Listen enthalten eine Einverständniserklärung des Wohnungssuchenden, dass die oben genannten Wohnungsbaugesellschaften der ARGE Auskünfte über angebotene Wohnungen und das Ergebnis der Wohnungsvermittlung geben (siehe Bielefelder Richtlinien 1.5.1., 1.5.2. Stand 1.2.2005).[1]

Durch den ver.di-Erwerbslosenausschuss in **Freiburg** und vom Notruftelefon in **Berlin** ist bekannt, dass auf den Schreiben steht, dass ab dem Tag X im Jahr 2006 nur noch die angemessenen Kosten der Unterkunft überwiesen würden.[2] Dies bestätigt der bundesweite Runde Tisch der Erwerbslosen- und Sozialhilfeorganisationen.[3]

SGB II-Träger gehen unterschiedlich mit der Frist von »in der Regel sechs Monaten« um. In **Berlin** wurden seit Mai 2006 Personen mit Fristen von über drei Monaten angeschrieben; Ende August sollte eine Migrantin in zwei Wochen ihre Aktivitäten zur Kostensenkung darlegen. Eine Begründung der kurzen Fristen gab es nicht. Im **Wendland** werden unterschiedliche Fristen unter sechs Monaten gesetzt. Bei einer Mietkostenüberschreitung um 2 € (!) wird in **Paderborn** oft nicht gewartet, bis die ersten sechs Monate nach dem Erstantrag abgelaufen sind.

In **Oldenburg**[4] und **Bielefeld**[5] fordern SGB II-Träger bei Überschreitung der Mietobergrenze bis zu 3 € bzw. 8 € zur Kostensenkung auf. Andere Städte schreiben erst bei mehr als 30 %iger Überschreitung der Mietobergrenze an. In **Kiel** werden zuerst diejenigen mit den höchsten Überschreitungen der Mietobergrenze angeschrieben. In **Berlin** werden nach der Prüfung des Fortzahlungsantrages alle angeschrieben.

---

[1] E-Mail von Ulrike Gieselmann, Widerspruch e. V. in Bielefeld, vom 9.3.2006.
[2] Kampagne gegen Zwangsumzüge (2006).
[3] MitstreiterInnen aus Kassel, Berlin, Frankfurt am Main, Offenburg, Lippstadt, Mainz, Bremen, Göttingen, Freiburg und Köln am 18.7.2006 in Kassel.
[4] Telefonat mit Guido Grüner, Arbeitslosenselbsthilfe Oldenburg e. V., am 10.3.2006.
[5] E-Mail von Ulrike Gieselmann, Widerspruch e. V. in Bielefeld, vom 9.3.2006.

Bei den Aufforderungen zur Senkung der KdU gibt es keine einheitliche Vorgehensweise in
- der Art des Schreibens,
- dem Zeitpunkt der Versendung,
- dem Zeitpunkt der Reduzierung der Unterkunftskosten,
- den Kulanzgrenzen,
- den Nachweisen von Eigenbemühungen und
- der Behandlung von Härtefällen.

Ganz offensichtlich herrscht bei den ARGEs große Unsicherheit über die rechtlichen Voraussetzungen, unter denen eine Kürzung der KdU zulässig ist.

7.2 Willkür in Optionskommunen

Besonders willkürlich wird die Senkung der KdU von den 69 Optionskommunen betrieben. Das zeigen Berichte aus zehn Optionskommunen. Die Entscheidungen der SGB II-Träger vermitteln den Eindruck, als ob sie vorrangig auf kommunale Einsparziele gerichtet sind. Optionskommunen haben einen Sonderstatus. Sie sind das Experimentierfeld für den zukünftigen Umgang mit FürsorgeempfängerInnen im Rahmen künftiger Gesetzesänderungen.

In den Optionskommunen häufen sich anfechtbare Aufforderungen zur Senkung der KdU, rechtswidrige Widerspruchsbescheide und eine verschärfte Verwaltungspraxis zu § 22 SGB II.

Im **Landkreis Ortenau** wurden Erstbescheide mit dem Hinweis verschickt, die Miethöhe sei zu reduzieren. Außer zur Höhe der Mietobergrenze enthielten die Schreiben keine weiteren Belehrungen zu Form und Frist der Eigenbemühungen und darauf, welche Folgen eine erfolglose Eigenbemühung hat. Im Ortenaukreis sind die Schreiben je nach Sachbearbeiter unterschiedlich. In zum Ortenaukreis gehörenden Lörrach wird eine Senkung der KdU vor Ablauf der Sechsmonatsfrist gefordert.[1]

Für Betroffene aus den Landkreisen **Göttingen**, **Offenbach** und dem **Ortenaukreis** (Lörrach) sind die Entschlüsse der SGB II-Träger zu den KdU nicht nachvollziehbar, sodass nur der Gerichtsweg bleibt.

---

[1] Auskunft von Ingrid Wagner, ver.di-Erwerbslosenausschuss Freiburg, vom 15.3.2006.

7.3 Einzelfallprüfung ade

Nach § 22 Abs. 1 Satz 3 SGB II sind die »Besonderheiten des Einzelfalls« zu berücksichtigen. Davon ist häufig wenig zu spüren. Deshalb ist es umso wichtiger, dass die Politik klare Vorgaben macht, wie die Verwaltung zu verfahren hat.[1] Eine Nutzung der Alg II-Software zur Einzelfallprüfung soll nicht möglich sein.[2] Normalerweise müssten die SGB II-Träger zunächst Fragebögen an Betroffene zur Ermittlung aller erforderlichen Kriterien verschicken, bevor sie eine offizielle Aufforderung zur Senkung der KdU versenden. In **Berlin** machte das z. B. der SGB II-Träger Reinickendorf, im April 2006 wurde von der Senatsverwaltung eine Arbeitsgruppe gebildet, in der alle SGB II-Träger zu Prüfschreiben angehalten wurden.

Zur Überprüfung des besonderen Einzelfalls gelten unterschiedliche Regelungen. Nicht alle kommunalen Richtlinien definieren Härtefälle oder Fälle, denen eine Kostensenkung unzumutbar ist. Bei manchen SGB II-Trägern gibt es solche Kriterien; Betroffene werden dennoch zur Unterkunftskostensenkung aufgefordert. Die Berliner Sozialsenatorin Knake-Werner bestätigte, dass bis Ende Juni 2006 10.160 über den Richtwerten liegende Alg II-Bedarfsgemeinschaften angeschrieben wurden.[3] Nur 5.100 von ihnen mussten letztlich ihre überhöhten Mieten senken.[4] Betroffene haben aufgrund des Anschreibens umgehend Beratung gesucht, was zur Prüfung des Einzelfalls führte.

Eine allein erziehende Mutter lebt in **Berlin** mit ihrer Tochter in einer Wohnung, die 470 € kostet. Sie hat Asthma, die Tochter einen Herzfehler. Wegen der Erkrankungen gestattet ihr der Vermieter die Mitnutzung des Gartens. Die Frau wurde zur Unterkunftskostensenkung aufgefordert, obwohl dem SGB II-Träger die Atteste vorliegen.[5]

Gegenwehr ist nur vereinzelt zu beobachten. Einzel- und Härtefälle werden erst nach Intervention einer Beratungsstelle oder nach einem Widerspruch geprüft. Zusammen mit dem Erstbescheid im März 2006 ging einer Antragsstellerin mit drei minderjährigen Kindern ein Schreiben der ARGE Breisgau-Hochschwarzwald zu. Die allein Erziehende mit Frauenhausvergangenheit soll sich schriftlich damit einverstanden erklären, nur noch die angemessenen KdU (in diesem Fall

---

[1] Hoffmann (2006).
[2] Tagung der Berlin-Brandenburgischen Akademie der Wohnungs- und Immobilienwirtschaft e. V. am 24.9.2006 in Berlin.
[3] Rother (2006).
[4] meinberlin.de (2006).
[5] Kampagne gegen Zwangsumzüge (2006).

knapp 200 € weniger als die tatsächlichen) zu erhalten. Hiermit würde man sich die lästigen Eigenbemühungen um billigen Wohnraum ersparen.[1]

Eine Frau mittleren Alters lebt ohne Untermietvertrag bei einem Bekannten. Entgegen vorheriger Versprechen ist der nicht bereit, mit ihr einen Untermietvertrag abzuschließen. Er bedrängt sie. Die Betroffene wendet sich im persönlichen Gespräch an der SGB II-Träger und bittet um Zusicherung zur Übernahme der Kosten für einen Umzug und für eine neue Mietwohnung. Sie wird abgewimmelt.[2]

In **Dortmund** wurde ein 67-jähriger Mann, der von Grundsicherung im Alter leben muss, aufgefordert, seine Mietkosten zu reduzieren. Sie waren deshalb hoch, weil die Heizung seit Jahren über Strom läuft.[3]

Der besondere Einzelfall wird mitunter zulasten der Betroffenen ausgelegt. Untermieter oder Mitbewohner der Wohngemeinschaft und Alg II-BezieherInnen werden zu Zweipersonenhaushalten. Ein Mann mittleren Alters lebt zur Untermiete in einer WG mit einem erwerbstätigen Mann. Ihre Gesamtmiete beträgt 600 €. Bisher zahlte der SGB II-Träger die anteilige Miete. Überraschend erfährt der Alg II-Bezieher, dass nur noch 222 € KdU gezahlt werden. Über Nacht verwandelte sich die WG in eine Bedarfsgemeinschaft und die Mietkosten sollen nur die Hälfte von 444 € betragen. Der Betroffene fürchtet die Kündigung durch den Hauptmieter.[4]

Immerhin, in **Göttingen** und in **Bremen** halten sich die SGB II-Träger überwiegend an die kommunalen Bestimmungen zur »Unzumutbarkeit« und zur Härtefallregelung.

7.4 Fehler bei der Rechtsanwendung

Im Verwaltungsvollzug wird das SGB II-Recht häufig missachtet. In **Berlin**[5] und **Freiburg**[6] fehlt in den Aufforderungen zur Senkung der KdU fast immer der Hinweis, dass bei nachgewiesenen erfolglosen Eigenbemühungen die KdU in tatsächlicher Höhe weitergezahlt werden.[7]

---

[1] E-Mail von Ingrid Wagner, ver.di-Erwerbslosenausschuss Freiburg, vom 4.7.2006.
[2] Vgl. Kampagne gegen Zwangsumzüge (2006).
[3] E-Mail von Anne Eberle, Dortmund, vom 23.4.2006.
[4] Vgl. Kampagne gegen Zwangsumzüge (2006).
[5] Ebd.
[6] E-Mail von Ingrid Wagner, ver.di-Erwerbslosenausschuss Freiburg, zur Beantwortung der Fragen zu Kosten der Unterkunft und Umzugsproblematik, vom 4.7.2006.
[7] Kirchhoff/Höxtermann (2005).

Im **Wendland** werden seit 2005 und in **Berlin** seit Mai 2006 Erwerbslose ohne Begründung aufgefordert, die KdU schon vor Ablauf von drei Monaten zu senken.

Nach dem SGB II gibt es erforderliche oder veranlasste und notwendige Umzüge. Im Sprachgebrauch der SGB II-Träger gibt es veranlasste, angeordnete, freiwillige und notwendige Umzüge. Betroffene sprechen von finanzierten Umzügen. Ein veranlasster Umzug entsteht im Rahmen einer Aufforderung zur Senkung der KdU. Unter angeordneten Umzüge werden jene verstanden, bei denen die tatsächlichen KdU die Mietobergrenzen wesentlich übersteigen, die Wohnung viel zu groß ist, die SGB II-Träger Betroffenen Wohnungslisten zusenden oder ohne Anfrage Kostenübernahmen zusichern. Viele ziehen aus Angst lieber »freiwillig« um, wie z. B. in Dortmund,[1] bevor oder nachdem sie eine Aufforderung zur Senkung der KdU bekommen. Da die Situation Betroffene zwingt, die Kosten zu verringern, sind solche Umzüge Zwangsumzüge. Betroffene sprechen von »selbst finanzierten« Umzüge, weil nur wenige Umzüge von den SGB II-Trägern finanziert werden. Als angedroht wird ein Umzug wahrgenommen, wenn der SGB II-Träger Alg II-BezieherInnen darauf hinweist, dass bei der Überschreitung der Miet-, Neben- oder Heizkosten nur ein Umzug infrage kommt.

Umzüge **können** notwendig sein, wenn
- Wohnungen zu klein sind,
- PartnerInnen sich trennen oder heiraten,
- die Wohnung die Gesundheit der Bewohner bedroht oder ihre angeschlagene Gesundheit verschlechtert.

Umzüge **sind** notwendig, wenn
- der Mitmieter auszieht,
- der Hauptmieter eines Untermieters stirbt und der Vermieter den Mietvertrag kündigt,
- ein Mitmieter den anderen bestiehlt, bedrängt oder sonst schädigt,
- der Betroffene von Nachbarn bedroht wird,
- der Mitmieter wegen eines anderen Lebensrhythmus die Arbeitsaufnahme eines erwerbsfähigen Hilfebedürftigen verhindert,
- die Wohnung wegen Nachwuchses zu klein wird,
- die Wohnung baupolizeilich gesperrt wird.

Notwendige Umzüge finden in kommunalen Richtlinien selten Erwähnung. Bundesweit haben Alg II-BezieherInnen Schwierigkeiten, eine Zusicherung zur Übernahme der Wohnungsbeschaffungs- und Umzugskosten zu erhalten. Notwendige Umzüge werden von SGB II-Trägern überwiegend ignoriert und selten finanziert.

---

[1] E-Mail von Anne Eberle, Dortmund, vom 23.4.2006.

7.4 Fehler bei der Rechtsanwendung

In **Freiburg** macht der SGB II-Träger Probleme, wenn Obdachlose oder Leute aus Notunterkünften in eine neue Wohnung oder in begleitetes Wohnen ziehen wollen.[1] Notwendige Umzüge, z. B. aus gesundheitlichen Gründen, werden mitunter verschleppt oder Leute werden hingehalten. Es wird gesagt, dass die neue Wohnung zu teuer sei, ohne z. B. die gesundheitlichen Gründe ernst zu nehmen. Von der Bescheinigung des SGB II-Trägers zur Kostenübernahme machen Vermieter den Abschluss des Mietvertrages abhängig.[2]

Eine Frau mit drei Kindern und 2.000 € Mietschulden in Tempelhof-Schöneberg will seit neun Monaten aus der Wohnung ausziehen. Der Exfreund ihrer ältesten Tochter bedroht sie, lauert ihr auf, schlägt und bestiehlt sie. Ihre Tochter bringt sie bei Bekannten vor den Übergriffen in Sicherheit. Der SGB II-Träger erkennt keinen notwendigen Umzug.[3]

Zusicherungen zur Übernahme der angemessenen KdU sind selten. Der Ermessensspielraum der SGB II-Träger im Rahmen kommunaler Richtlinien zu den

---

[1] E-Mail von Ingrid Wagner, ver.di-Erwerbslosenausschuss Freiburg, vom 4.7.2006.
[2] Ebd.
[3] Notruftelefon der Kampagne gegen Zwangsumzüge am 14.9.2006.

KdU erscheint grenzenlos, der Einfallsreichtum unerschöpflich. Die angemessenen KdU der neuen Wohnung werden zugesichert, obwohl keine Heizungskosten angegeben wurden. Nach dem Umzug zieht der SGB II-Träger die Zusicherung zurück, weil der Fehler bemerkt wurde. Eine Frau musste mit ihrem Kind ausziehen, weil der Mitbewohner in eine andere Stadt gezogen war. Nach langem Hin und Her sicherte der SGB II-Träger die Übernahme der Wohnungsbeschaffungs- und Umzugskosten schriftlich zu. Dennoch lehnte er nach dem Umzug ohne Begründung die Kostenübernahme ab.[1]

Der SGB II-Träger schreibt am 18.7.2006 an eine Migrantin, dass sie bis zum 2.8.2006 nachweisen soll, mit welchen Maßnahmen sie die KdU verringert hat. Sonst zahle er ab 1.9.2006 nur noch die angemessenen KdU. Der Vermieter lehnt Mietsenkung und Untervermietung ab und fordert sie auf, bei Auszug alle Einbauten in der Wohnung zu entfernen.[2]

Kommunale Richtlinien werden oft zulasten der Betroffenen ausgelegt. Die Berliner AV Wohnen besagt, dass Behinderten in der Regel eine Senkung der Kosten der Unterkunft unzumutbar ist. Trotzdem werden Schwerbehinderte unverdrossen dazu aufgefordert. Wieso das im Einzelfall nicht so ist, wird vom SGB II-Träger nicht erläutert.[3]

Ein Alg II-Empfänger mit dokumentiertem Krebsleiden zahlt 50 € zu viel Miete. Der SGB II-Träger verlangt die Mietsenkung. Nach mündlichem Hinweis des 56-jährigen Mannes auf sein Krebsleiden wird von einem Mitarbeiter des SGB II-Trägers barsch geantwortet, er müsse »sich bessere Argumente ausdenken«![4]

In **Berlin** sollen die Wohnungsbeschaffungskosten dem Grunde nach übernommen werden, speziell Mietkautionen und Genossenschaftsanteile. Dennoch verweigern SGB II-Träger diese Leistungen systematisch. Auch geringe Wohnungsbeschaffungs- und Umzugskosten werden trotz Zusicherung nicht gezahlt.[5]

Die Schwierigkeit und der Aufwand zu belegen, dass die von den Alg II-Behörden geforderte Senkung der KdU nicht möglich sei, ist das zentrale Problem. Zumutbare Wohnungen sind in dem für »angemessen« bezeichneten Preissegment nicht oder nicht ausreichend verfügbar. SGB II-Träger verweisen pauschal auf Kostensenkungschancen durch Umzug in angeblich vorhandenen, günstigen Wohn-

---

[1] Kampagne gegen Zwangsumzüge (2006).
[2] Ebd.
[3] Pressekonferenz der Kampagne gegen Zwangsumzüge in Berlin am 5.7.2006.
[4] Kampagne gegen Zwangsumzüge (2006).
[5] Notruftelefon der Kampagne gegen Zwangsumzüge am 20.7.2006.

raum. Die serienbriefgestützten amtlichen Aufforderungen zur Senkung der KdU zwingen Erwerbslosen erhebliche Mühen auf, die Unzumutbarkeit und die Unmöglichkeit der Senkung der KdU und/oder eines Umzugs darzulegen. Jeder riskiert die nur anteilige Übernahme der Unterkunftskosten durch die Alg II-Behörde wegen »Unangemessenheit«.[1]

7.5 Keine Information – keine Beratung

Nach § 4 Abs. 1 Nr. 1 SGB II ist der SGB II-Träger verpflichtet zu »Information, Beratung und umfassender Unterstützung«. Dieser Pflicht kommen die SGB II-Träger regelmäßig nicht nach.

Die Beratungsarbeit einkommensarmer BürgerInnen leisten seit 2005 überwiegend unabhängige Erwerbsloseninitiativen, ehren- und hauptamtliche Sozialberatungen bei den Wohlfahrtsverbänden oder bei den Mieterorganisationen. Kommunal oder über die ARGE finanzierte unabhängige Beratungsstellen sind selten.

Die ersten Schreiben zur Senkung der KdU lösten bei vielen Betroffenen Panik aus. Mangels Belehrung denken etliche Betroffene noch heute, dass sie nach Ablauf der Sechsmonatsfrist keine Mietzahlung vom SGB II-Träger erhalten. Die Informationslage der Alg II-BezieherInnen hat sich 2006 etwas verbessert. Sie informieren sich in Zeitungen, Zeitschriften, Veranstaltungen und im Internet. Sie suchen Hilfe bei Bekannten und Beratungsstellen. Auch die Pflicht zur »Aufklärung und Beratung« nach §§ 13, 14 SGB I wird verweigert. So überraschte im Januar 2006 der SGB II-Träger **Neukölln** eine Hilfesuchende mit der Behauptung, dass dort nur das SGB II gelte, nicht aber das SGB I.

Bernd Wagner vom ver.di-Erwerbslosenausschuss **Berlin** meint:

»Neben der bloßen Aufforderung müsste dem Brief ein vierseitiges Informationsschreiben aus dem Hause der Sozialsenatorin beiliegen. Uns wurde aber mehrfach berichtet, dass dieses Schreiben von den SGB II-Trägern nicht mitverschickt wird. Das bedeutet, dass oftmals im Berechnungsbogen des SGB II-Trägers nur ein lapidarer Satz auftaucht, der ungefähr so lautet: ›Aufgrund der AV Wohnen sind ihre Wohnkosten zu hoch. Sorgen Sie dafür, dass sich das innerhalb des nächsten halben Jahres ändert.‹«[2]

---

[1] BAG-SHI (2006), S. 11.
[2] Richter, Wera (2006)

7 Rechtsunsicherheit im Vollzug

Inzwischen sind Alg II-BezieherInnen eher als kurz nach der Einführung des SGB II bereit, für ihre Rechte zum Sozialgericht zu gehen. Hilfe erfahren sie in Beratungsstellen und an Notruftelefonen. Leider gibt es diese nicht überall. Statt der SGB II-Träger helfen viele andere den Alg II-BezieherInnen, z. B. in **Bochum** die Sozialberatung, Rechtsanwaltskanzleien, die im Wesentlichen kostenlos beraten, die Frauen- und Schwangerenberatung, die Ausländerberatung, der Mieterverein, die Sozialverbände VdK und SoVD, die Gewerkschaften und der DGB mit den Rechtsabteilungen und den Erwerbslosenausschüssen.

»Es gibt aber nur eine Vollzeitstelle für Beratung in Bochum. Es wäre reichlich Arbeit da für drei volle Stellen. Es ist die Pflicht der ARGE, für die Beratung und Information Sorge zu tragen.«[1]

Viele Betroffene ziehen vor oder nach der behördlichen Aufforderung zur Senkung der KdU um, weil sie glauben, dass sie ohnehin nicht bleiben können. Sie stellen keine Anträge zur Zusicherung der Kosten der neuen Wohnung oder zu den Wohnungsbeschaffungs- und Umzugskosten, sie warten die Zusicherung nicht ab oder erhalten sie nicht oder nicht rechtzeitig. Sie unterschreiben die Mietverträge, bevor sie die schriftliche Zusicherung des SGB II-Trägers in der Hand haben. Wegen formaler Fehler oder ewigen Aussitzens der SGB II-Träger erhalten etliche keine Zusicherungen zum Kostenersatz. Die nötigen Schritte bis hin zu einem Umzug sind ihnen unklar.

Mitunter verweisen SGB II-Träger oder Beschäftigungsträger sogar an ehrenamtliche Initiativen. In **Neumünster** werden erwerbslose Hilfebedürftige auf Wohnungssuche auf Veranlassung der ARGE an die Zentralstelle für Wohnungssuchende ZBS (Diakonie) verwiesen. Die ZBS gibt sämtliche Daten aus der persönlichen Beratung an die ARGE weiter.[2]

Bei notwendigen Umzügen gehen viele Alg II-BezieherInnen ohne vorherige Anfrage beim SGB II-Träger zu Werke, setzen den SGB II-Träger mündlich in Kenntnis, andere stellen erfolglos Anträge dort.

Weil der Vermieter wegen Eigenbedarf gekündigt hatte, verließen Frau X, 40 Jahre, und Herr Y, 64 Jahre, aus dem Landkreis Lüchow-Dannenberg bei Nacht und Nebel Ende 2005 ihre Wohnung. Der SGB II-Träger hatte die Umzugskosten verweigert. Wegen dieses Stresses hatte die zuckerkranke Frau anschließend wieder offene Beine.[3]

---

[1] E-Mail von Norbert Hermann vom 22.7.2006.
[2] E-Mail von Jürgen Habich, SOGA, Neumünster, vom 24.7.2006.
[3] Telefonat mit Frau S. aus dem Landkreis Lüchow-Dannenberg am 19.3.2006.

7.5 Keine Information – keine Beratung

SGB II-Träger erklären selten, weshalb sie die Kosten der neuen Unterkunft oder die Wohnungsbeschaffungs- und Umzugskosten nicht zusichern. Berichte aus dem gesamten Bundesgebiet bestätigen einen restriktiven Umgang mit notwendigen Umzügen durch die SGB II-Träger. Infolge selbst organisierter und nicht durch den SGB II-Träger unterstützter Umzüge nehmen die Klagen beim Sozialgericht zu, und die Überschuldung der Betroffenen wegen langen Wartens auf den Gerichtsprozess und behördlich verlangter Zinszahlungen bei Überlebensdarlehen wächst.

8 PREKÄR WOHNEN

8.1 Mietdifferenz selbst zahlen?

Im März und April 2006 riefen in Berlin aufgeschreckte und verängstigte Menschen beim Notruftelefon an, die keinen Umzug wollten und auf jeden Fall die Differenz zwischen den tatsächlichen und den angemessenen KdU allein aufbringen wollten. Alg II-BezieherInnen neigen oft dazu, private Lösungen zur Aufbringung der Miete zu suchen. Sie lassen sich oft widerstandslos die herabgesetzten, angeblich angemessenen KdU überweisen.

In **Freiburg** trügen zu jenem Zeitpunkt 109 Bedarfsgemeinschaften die Differenz zwischen für angemessen gehaltenen Kosten der Unterkunft und wirklichen Mietkosten selbst.[1] Die Migranten-Beratungsstelle »Halk Kösesi« in **Berlin-Schöneberg** soll offensiv dazu raten. Ganz abgesehen von dieser schleichenden Enteignung und Absenkung der Regelleistung durch die Hintertür ist diese Zuzahlung auf Dauer nicht durchzuhalten.[2] Alg II-EmpfängerInnen in **Paderborn** scheuten die Auseinandersetzung mit dem SGB II-Träger und versuchten, selbst alle Kosten aufzubringen. Sie wurden per Erstbescheid zur KdU-Senkung aufgefordert. Obwohl dies rechtswidrig war, kamen sie erst zur Beratung, als auf ihrem Konto nur noch die angemessenen KdU einflossen. Sie hatten nicht geglaubt, dass ihnen die Mietzuwendungen wirklich gekürzt würden. Solches Verhalten bringt Hilfebedürftige in die Schuldenfalle.[3]

Eine freiwillige Zahlung der Mietdifferenz kann weitere, unangenehme Folgen haben: Seit 2005 verlangt die ARGE in **Bielefeld** plausible, nachvollziehbare Nachweise, woraus die Mietdifferenz bestritten wird. Sie zahlt erst dann die »angemessenen« Kosten. Die ARGE stellt sich auf den Standpunkt, wegen »Zweifeln an der Bedürftigkeit« müsse kein Alg II mehr gezahlt werden.[4] Auch wenn nicht nachgewiesen wird, wie der Differenzbetrag zwischen angemessenen und unangemessenen Kosten finanziert wird, sind die angemessenen Kosten der Unterkunft immer zu berücksichtigen (BVerwG, Urteil vom 1.10.1998 – 5 C 6.98). Zu hohe Unterkunftskosten wirken grundsätzlich nicht anspruchsvernichtend (LPK-SGB XII § 29 Rz 44). Im Übrigen kalkuliert die Stadtverwaltung, dass mindestens 30 % der Betroffenen die Mietdifferenz lieber selbst zahlen, anstatt eine andere

---

[1] E-Mail von Ingrid Wagner, ver.di-Erwerbslosenausschuss Freiburg, vom 4.7.2006.
[2] Vgl. Witte (2006).
[3] Telefonat mit Susanne Bornefeld, Frauenarbeitslosenbüro Paderborn, am 13.3.2006.
[4] E-Mail von Ulrike Gieselmann, Widerspruch e. V. in Bielefeld, vom 9.3.2006.

Wohnung zu suchen. Nach dem Eindruck der Bielefelder BeraterInnen ist die Zahl wohl noch höher.[1]

Auch die ARGE in **Bochum** schiebt der Differenzzahlung zwischen tatsächlichen und angemessenen KdU einen Riegel vor.[2] Teile der Regelleistung dürften nicht als Ausgleich eines »unangemessenen« Anteils der KdU eingesetzt werden (vgl. Richtlinien KdU-1/T29, S. 7), Mehrbedarfszuschläge wegen Schwangerschaft, Alleinerziehung, Behinderung, krankheitsbedingter Sonderkost dürften nicht dafür verwendet werden; zweckbestimmte Zuwendungen Dritter (gemäß § 1 Nr. 2 Alg II-VO) dürften nur in engen Grenzen dafür verwendet werden, und der Sockelfreibetrag bei Erwerbstätigkeit von 100 € dürfe nur dann eingesetzt werden, soweit er nicht für Werbungskosten diene. Als einziges wird der Verbrauch von Schonvermögen anerkannt. Gleichzeitig wird in der kommunalen Richtlinie voreilig Betrug vermutet:

»Sollte eine laufende Zahlung an den Vermieter erfolgen, so ist davon auszugehen, dass die leistungsberechtigte Person über verdeckte Einkünfte verfügt. In diesen Fällen bestehen derart gravierende Zweifel an der Hilfebedürftigkeit, dass die Leistungsgewährung vollständig einzustellen ist. Erst nach Klärung der Herkunft der selbst aufgebrachten Mittel ist die Sozialhilfegewährung ggf. wieder aufzunehmen.«

8.2 Soziale Bindungen gekappt

Zwangsumzüge zerstören die sozialen Bindungen Hilfebedürftiger, insbesondere zu Kindern, zu Freunden und erwachsenen Vertrauenspersonen. Empfindlich betroffen sind kleine und schulpflichtige Kinder von allein Erziehenden und Großfamilien:[3]

- Eine Frau in **Berlin** mit drei Kindern, davon eines behindert, erhält die Aufforderung, die nach den Mietobergrenzen überschrittenen 220 € für die Wohnung entsprechend abzusenken. Die Betroffene war hier mit ausdrücklicher Billigung des SGB II-Trägers eingezogen und hatte für die Renovierung der Wohnung erhebliche Investitionen getätigt.

- Eine allein erziehende Mutter mit einem Kind lebt in einer Wohnung, die 560 € kostet. Der SGB II-Trägers hat sie zur Senkung der Wohnkosten aufgefordert.

---

[1] E-Mail von Ulrike Gieselmann, Widerspruch e. V. in Bielefeld, vom 9.3.2006.
[2] Unabhängige Sozialberatung, »KdU-Bochum – Übersicht (19.2.2006)«, E-Mail vom 23.7.2006.
[3] Kampagne gegen Zwangsumzüge (2006).

Die Mutter hat einen Mini-Job und ist bereit, den Differenzbetrag zu bezahlen; sie macht sich Sorgen wegen der steigenden Betriebskosten, die eventuell nur anteilig vom SGB II-Träger übernommen werden.

- Eine allein erziehende Mutter lebt mit ihrer Tochter in einer Wohnung, die 630 € warm kostet. Die Mutter ist in einer Arbeitsgelegenheit mit Mehraufwandsentschädigung beschäftigt. Sie hofft, durch diese Qualifizierung eine reguläre Arbeitsstelle zu finden. Ihre Tochter hat in der Nachbarschaft viele Freunde und die Schule befindet sich in unmittelbarer Umgebung.

Kinder müssen die gewohnte Umgebung verlassen. Besonders kleinere Kinder ziehen sich durch die unsichere Lebenslage aus Nervosität chronische Krankheiten zu oder fühlen sich in der neuen Schule oftmals lange nicht heimisch. Sie können keine Freunde finden. Kinder bleiben mitunter in ihrer Schule, müssen aber weite Schulwege zurücklegen.

Auch ältere und alte Menschen verschonen SGB II- und SGB XII-Träger nicht mit Aufforderungen zur Senkung der KdU, wie die folgenden Fälle zeigen.

In der Verwaltungsvorschrift der Stadt **Neumünster** heißt es:

»Unzumutbarkeit liegt nicht schon dann vor, wenn der Umzug vom Leistungsempfänger und (oder) den übrigen Personen der Bedarfsgemeinschaft als unzumutbar empfunden wird. Bei der Prüfung kann es nicht primär auf diese subjektiven Empfindungen ankommen, sondern darauf, ob für einen objektiven Betrachter Unzumutbarkeit festzustellen ist. Dies ist eine notwendige und an sich selbständige Eingrenzung, da das Umzugsverlangen der Betroffenen selbst hart empfunden werden dürfte. Bei der Prüfung, ob Unzumutbarkeit vorliegt, ist daher insb. zu prüfen, welche Besonderheiten der Einzelfall gegenüber der Situation anderer vergleichbarer Gruppen von Leistungsempfängern aufweist. So ist ein Umzug nicht allein deshalb unzumutbar, weil ein Leistungsberechtigter die Wohnung schon 30 Jahre bewohnt. Eine derartige Wohnungsdauer allein vermag auch bei älteren Hilfesuchenden die Unzumutbarkeit eines derartigen Ansinnens nicht begründen (vgl. OVG Hamburg, Beschluss vom 15.8.2000, FEVS53, 65).[1]

Die folgenden Fälle sind Beispiele von besorgten und verängstigten älteren Menschen aus **Berlin**:[2]

---

[1] Stadt Neumünster (2005), S 7.
[2] Kampagne gegen Zwangsumzüge (2006).

- Eine über 70 Jahre alte, 80 %ig schwerbehinderte Dame, die ihr halbes Leben in der Wohnung lebt, wird vom SGB XII-Träger aufgefordert, die Wohnkosten zu senken oder in ein Seniorenwohnhaus zu ziehen.

- Einem alleinstehenden 78-jährigen Mann übernimmt der SGB XII-Träger die Miete nur zum Teil. Er ist schwerhörig und wohnt dort länger als 19 Jahre. Zahlt er den Differenzbetrag selbst, hat er nichts mehr zum Leben.

- Ein alleinstehender Mann, kurz vor dem 60. Geburtstag, lebt seit 23 Jahren in einer kleinen Wohnung, die 460 € kostet. Der SGB II-Träger verlangt von ihm eine Mietreduzierung. Der Betroffene arbeitete seit mehreren Jahren in einer ABM, anschließend in einer Arbeitsgelegenheit mit Mehraufwandsentschädigung. Er will den Differenzbetrag selbst zahlen, macht sich aber große Sorgen, was nach der Arbeitsgelegenheit geschieht.

- Ein 53-jähriger Mann aus Berlin-Reinickendorf liegt 30 € über der Mietobergrenze und soll umziehen. Er betreut seine sehr alte Mutter, die um die Ecke im selben Häuserblock wohnt.

- Ein 58 Jahre altes Ehepaar soll die Wohnung aufgeben. Liegt eine neue Wohnung nicht in der Nähe, ist die Betreuung der zwei schulpflichtigen, nebenan wohnenden Enkelkinder nicht mehr möglich.

Für Ältere ist das selbstbestimmte Leben in vertrauter Umgebung mit ihren NachbarInnen verloren. Sie werden im Alter, wo sie auf das Verständnis und die Unterstützung ihres Umfeldes angewiesen sind, in völlig neue Umgebungen versetzt. Dies beeinträchtigt die Lebensqualität älterer Menschen erheblich.

8.3 Kein Platz für mitsorgende Väter

Wiederholt sind Väter zwischen 38 und 52 Jahren am Notruftelefon, die dieselbe Situation schildern: Die Männer leben von der Kindesmutter getrennt oder sind geschieden, doch sie erziehen ihr Kind mit. Sie betreuen ihre Kinder z. T. mit gemeinsamen Sorgerecht, z. T. ohne Sorgerecht im Einvernehmen mit der Kindesmutter. Sie beherbergen und beköstigen die Kinder zeitweise in ihrer Wohnung und verbringen mit ihnen die Ferien. Die Väter berichten einhellig, dass SGB II-Träger trotz des zeitweisen Aufenthaltes ihrer Kinder in ihrer Wohnung nicht bereit sind, einen Zweipersonenhaushalt anzuerkennen. Alle erhielten im Laufe des Jahres 2006 die Aufforderung, ihre KdU zu senken. Dagegen haben sie ihre besonderen Bedingungen angeführt, um als Härtefälle anerkannt zu werden.

Ein 40-jähriger Vater aus **Berlin-Neukölln** hat drei Tage in der Woche und in den Ferien seinen 13-jährigen Sohn in der Wohnung bei sich. Das Kind isst und schläft dort und geht von dort aus zur Schule. Der Vater hat eine Einzimmerwohnung und liegt 17 € über der zulässigen Höchstgrenze. Der SGB II-Träger weigert sich, die Aufforderung zur Senkung der KdU zurückzuziehen.[1]

In allen durch das Notruftelefon bekannt gewordenen Fällen wurde den Vätern von den SGB II-Trägern kein Zweipersonenhaushalt anerkannt. Sie müssen in kleinere und schlechtere Wohnungen umziehen. Die Väter befürchten, dass sie wegen schlechterer Unterkünfte oder aber, weil sie jetzt weiter entfernt vom Wohnort ihres Kindes wohnen, ihr Kind weniger sehen und betreuen können.

---

[1] Kampagne gegen Zwangsumzüge (2006).

8.4 Leinenzwang

Das freiwillige längere Wohnen bei den Eltern ist aus dem Fernsehen als »Hotel Mama« bekannt. In vielen Fällen bedeutete »Hotel Mama« für die Jugendlichen ab dem 18. Geburtstag ein Zwangsaufenthalt, weil sie weder Ausbildung noch Job bekamen und kein Geld für eine eigene Wohnung hatten. In anderen Fällen haben sie das BAföG für ein Studium am Studienort genutzt, konnten aber ohne das Mitwohnrecht bei den Eltern am Wochenende nicht nach Hause zurückkehren. Auszugsverbot, voller Unterhaltsrückgriff und Vermutung der Angehörigenunterstützung führt nun zum zwangsläufigen Zusammenwohnen zweier Generationen.

Ein Auszugsverbot für bedürftige Jugendliche mit Eltern im Bezug von Alg II deutete sich schon 2005 an. In **Paderborn** gab es Signale, dass Jugendliche am Ausziehen aus der elterlichen Wohnung gehindert wurden.[1] Ein Arbeitslosenberater berichtete bei der BAG-SHI-Bundesfachtagung im November 2005, dass in **Spandau** seit September 2005 der SGB II-Träger kaum Auszüge Jugendlicher aus der elterlichen Wohnung gestatte und selten die Zusicherung der Übernahme der KdU für die Erstwohnung übernehme. **Neumünster** zeigt sich nicht zimperlich:

»Soweit bei Auszubildenden, Schülern und Studenten Anspruch auf Leistungen besteht und sie am Ort der Eltern wohnen, müssen sie sich auch bei Volljährigkeit mit der von den Eltern bereitgehaltenen Unterkunft begnügen.«[2]

Seit dem 17.2.2006 wird aus vielen Städten vom Beginn des »Auszugsverbots« für junge Leute vor dem 25. Geburtstag berichtet:[3]

- Ein junger Auszubildender darf nicht bei der Mutter ausziehen, obwohl er dauernd zu spät zur Schule kommt. Die Mutter schaut mit ihrem Liebhaber bis 3:00 Uhr nachts Fernsehen und der junge Mann kann erst anschließend auf dem Wohnzimmersofa schlafen. Der SGB II-Träger sieht darin keinen schwer wiegenden Grund.[4]

- Einem 21-jährigen dreifachen Vater, der sich noch in der Ausbildung befindet, wird der Erstauszug von den Eltern verwehrt. Die Eltern mit drei jüngeren Geschwistern unter 18 Jahren erhalten Alg II. Die drei Kinder des jungen Vaters

---

[1] Telefonat mit Susanne Bornefeld, Frauenarbeitslosenbüro Paderborn, am 13.3.2006.
[2] Stadt Neumünster (2005), S 2.
[3] BAG-SHI (2006), S. 5.
[4] Telefonat mit Renate Döhr, Projekt »Arbeiten und Lernen«, Berlin-Reinickendorf, am 27.3.2006.

sind auf Veranlassung des Jugendamtes vorübergehend bei Pflegefamilien untergebracht, weil es ihm und der Kindesmutter bisher nicht gelang, eine Wohnung zu beziehen. Seine Eltern wollen gern die ohne ihren ältesten Sohn zu teure Wohnung aufgeben, doch der SGB II-Träger gestattet dies nicht. Schwer wiegende soziale Gründe erkennt der SGB II-Träger nicht.[1]

- Seit dem 1. Juli 2006 erhält die 18-jährige Tochter einer Alg II-Bezieherin statt 345 € nur noch 276 € monatlich. Das drückt auf das Familienbudget. Beide sind wieder eine Bedarfsgemeinschaft. Macht die Tochter im nächsten Jahr ihr Abitur und möchte dann ausziehen, gibt es Probleme. Als Hartz IV beziehende Jugendliche unterliegt sie einem Auszugsverbot und muss vor dem Studium jobben. Der SGB II-Träger soll den Auszug erwachsener »Kinder« nur wegen schwer wiegender sozialer Gründe genehmigen. Die Tochter müsste die Mutter diffamieren, um ausziehen zu dürfen. Arme werden gegeneinander gehetzt. Stärker trifft das Auszugsverbot Hauptschüler ohne Ausbildungsplatz und ihre Familien, häufig Migranten, in den »sozialen Brennpunkten«.[2]

- Wohnraum wurde in **Bochum** einer Hochschwangeren nicht gewährt. Sie soll nach Meinung der ARGE bei ihren Eltern wohnen bleiben.[3]

- Einer Hochschwangeren, die im Jobcenter **Spandau** wegen einer größeren Wohnung vorspricht, wird von der Mitarbeiterin entgegnet, man könne so einen Antrag nicht genehmigen; schließlich wisse man doch gar nicht, ob das Kind lebend zur Welt komme.[4]

- Frau L. in **Berlin** ließ sich im Juni 2005 von ihrem Ehemann scheiden. Gemeinsam mit ihrem 18-jährigen Sohn will sie aus der ehelichen Wohnung von Lichtenberg nach Friedrichshain umziehen. Der SGB II-Träger verweigert ihr den notwendigen Umzug, da in der Wohnung genügend Platz sei. Die Wohnungsgröße allein ist in Berlin nicht maßgeblich. Nach Einschaltung eines Anwalts werden ihr Auszug und Mietkostenübernahme der neuen Wohnung im Januar 2006 zugesichert. Der inzwischen 19 Jahre alte Sohn soll beim Vater wohnen bleiben.[5]

---

[1] Telefonat mit Renate Döhr, Projekt »Arbeiten und Lernen«, Berlin-Reinickendorf, am 27.3.2006.
[2] Vgl. Neuköllner Hartz IV-Betroffene (2006).
[3] Unabhängige Sozialberatung, »KdU-Bochum – Übersicht (19.2.2006)«, E-Mail vom 23.7.2006.
[4] Prodan (2006).
[5] E-Mail von Frau L. vom 15.1.2006.

- Ein junger Mann auf Lehrstellensuche spricht mit seiner Mutter und einem Beistand beim SGB II-Träger vor. Überwiegend redet die Mutter und macht den Sohn schlecht. Sie raubt ihm die letzte Chance auf die Zulassung in eine berufsvorbereitende Maßnahme. Trotz nachweislich ständigem Psychoterror der Mutter gegen den jungen Mann erkennt der SGB II-Träger keinen schwer wiegenden Grund zum Erstauszug.[1]

8.5 Zurück zu den Eltern

Nur wenige Fälle sind uns bekannt, in denen der SGB II-Träger allein lebende Alg II-BezieherInnen unter 25 direkt auffordert, zu ihren Eltern zurückzuziehen. Immer stärker werden junge Menschen vor dem 25. Geburtstag jedoch durch Entscheidungen der SGB II-Träger mittelbar dazu getrieben:

- Der Tochter eines Mannes aus **Itzehoe** wurden ohne vorherige Ankündigung vom SGB II-Träger die KdU auf die angemessenen Kosten reduziert. Der Vater half mit Darlehen aus und wollte sie schützen, worauf seiner Tochter die Regelleistung wegen Nichtangabe zufließenden Einkommens völlig gestrichen wurde.[2]

- Ein junger Mann aus **Schnackenburg** hat tatsächliche KdU von 257 €, bekommt aber nur die Wohnkosten von 165 €, nicht aber die Heizkosten vom SGB II-Träger erstattet. Der Mitarbeiter schätzt dies persönlich als ausreichend ein.[3] Zu den Eltern will er auf keinen Fall zurück.

- Ein 29-jähriger Mann im Landkreis **Lüchow-Dannenberg** ist schon seit langem mit seinen Eltern im Mietvertrag als Hauptmieter eingetragen. Im Juni 2006 beendete er seine Ausbildung in einem anderen Ort. Dort hatte er eine (eigene) Nebenwohnung. Die Eltern hatten inzwischen in der elterlichen Wohnung seinen Mietanteil übernommen, weil beide Arbeit hatten. Da der Mann keine Arbeit im erlernten Beruf fand, gab er die Wohnung am Ausbildungsort auf und kehrte in die elterliche Wohnung zurück. Er beantragte Alg II. Die Ablehnung des Antrages wurde damit begründet, dass die Eltern für ihn im Rahmen der Haushaltsgemeinschaft aufkommen müssen; einen Auszug würde das Amt nicht unterstützen, sondern als mutwillig herbeigeführt ansehen.[4]

---

[1] Telefonat mit Renate Döhr, Projekt »Arbeiten und Lernen«, Berlin-Reinickendorf, am 27.3.2006.
[2] E-Mail von Herrn Z. vom 2.7.2006.
[3] Telefonat mit Frau S., Landkreis Lüchow-Dannenberg, vom 19.3.2006.
[4] Notruftelefon der Kampagne gegen Zwangsumzüge am 24.7.2006.

- Ein 20-jähriger Mann aus **Freiburg** auf Lehrstellensuche versucht verzweifelt, von seiner Mutter wegzukommen. Der SGB II-Träger akzeptierte bisher keine Begründung, auch nicht, dass wegen des Verhaltens der Mutter wiederholt die Polizei gerufen werden musste. Durch die dauernden häuslichen Auseinandersetzungen ist der junge Mann inzwischen krank und will nun mit einem ärztlichen Attest erreichen, aus der Wohnung ausziehen zu dürfen.[1]

---

[1] Telefonat mit Renate Döhr, Projekt »Arbeiten und Lernen«, Berlin-Reinickendorf, am 27.3.2006.

9 PHANTOM – WOHNUNGSBESCHAFFUNGS- UND UMZUGSKOSTEN

9.1 Keine Zusicherungen

Bei der Übernahme der Kosten von Umzügen wird regelmäßig sehr restriktiv verfahren. SGB II-Träger missachten den gesetzlichen Anspruch auf Kostenübernahme bei behördlich veranlassten Umzügen.[1]

Machen sich Alg II-BezieherInnen selbst auf die Suche nach einer neuen Wohnung, sichern die ARGEs häufig nicht zeitnah die Übernahme der Kosten zu. Betroffene unterschreiben aus Zeitnot ohne Zusicherung Mietverträge. Ein Amtsmitarbeiter wies eine Betroffene hinterher mit der lapidaren Antwort ab: »Sie haben vorher ja nicht gefragt.«[2]

Oft verlangen die Vermieter die Zusage zur Mietübernahme durch den SGB II-Träger vor Abschluss des Mietvertrags. Solche Mietübernahmeklauseln werden selten von SGB II-Trägern unterschrieben, weil diese ohne Begründung keine Zusicherungen zur Übernahme der Kosten der neuen Wohnung geben wollen. Ausbleibende Kostenzusagen der ARGE führen zum Verlust in Aussicht stehender Wohnungen.

In **Offenbach** zählt zu den Eigenbemühungen die Kontaktaufnahme zu einem Makler. Die sind weder zu einer Bescheinigung darüber, dass bei ihnen vorgesprochen wurde, bereit noch zu einer Wohnungsvermittlung ohne Honorar.

9.2 Verwaltungsrichtlinien sind Makulatur

Ein Problem ist der Umgang der SGB II-Träger mit den kommunalen Richtlinien. In einigen Städten wie z. B. **Freiburg** wird nichts dafür getan, dass die Menschen überhaupt erfahren, dass es kommunale Richtlinien gibt und wo sie einzusehen sind. Oder aber die Richtlinien sind nirgendwo veröffentlicht.

Im Internet ist nur die landesweite Sozialhilferichtlinie für Baden-Württemberg zu finden. In kommunalen Richtlinien blieb die Rechtsprechung der Verwaltungsgerichte zur Sozialhilfe unbeachtet. So wurden nach der Berliner Richtlinie bis zum 1.4.2006 keinerlei Renovierungskosten übernommen.

---

[1] Grüner (2006), S. 11.
[2] Auskunft von Ingrid Wagner, ver.di-Erwerbslosenausschuss Freiburg, vom 15.3.2006.

9 Phantom – Wohnungsbeschaffungs- und Umzugskosten

Die Reglung zu den Wohnungsbeschaffungskosten, Mietkautionen und Umzugskosten in Berlin unter Punkt 9 Abs. 1[1] lautet zunächst:

»Die Reglung des § 22 Abs. 3 SGB II stellt klar, dass die Übernahme der darin genannten Leistungen grundsätzlich möglich ist, sofern der zuständige SGB II-Träger die vorherige Zusicherung erteilt hat.«

In Punkt 8.2 Abs. 1 heißt es weiter:

»Über die Erteilung von Zusicherungen für Wohnungsbeschaffungskosten und Mietkautionen ist abhängig von der Berliner Wohnungsmarktsituation einzelfallbezogen zu entscheiden.«

In Abs. 2 wird dann festgestellt:

»In der Regel ist davon auszugehen, dass unter Berücksichtigung des Berliner Wohnungsmarktes eine Wohnung für Hilfeempfangende ohne die Zusicherung zur Übernahme der Genossenschaftsanteile als Wohnungsbeschaffungskosten oder einer Mietkaution in angemessenem Zeitraum nicht gefunden werden kann.«

Abs. 3 hebelt dann alles bisherige aus:

»Eine Zusicherung für andere als die in Abs. 2 genannten Wohnungsbeschaffungskosten ist in der Regel nicht zu erteilen, da diese grundsätzlich nicht als notwendig zu erachten sind, um eine Wohnung in angemessenem Zeitraum zu finden.«

Eine fünfköpfige Familie aus Osteuropa lebt in einer Wohnung, die 730 € Miete kostet. Der älteste Sohn zieht nach Westdeutschland, wo er Arbeit gefunden hat. Die Familie ist umzugswillig und hat bereits eine günstigere Wohnung für 550 € warm gefunden. Für die alte Wohnung musste keine Kaution hinterlegt werden. Das Jobcenter will weder eine Umzugshilfe gewähren noch die Kaution für die neue Wohnung.[2]

---

[1] Senatsverwaltung für Gesundheit, Soziales und Verbraucherschutz Berlin (2005), S. 49.
[2] Kampagne gegen Zwangsumzüge (2006).

9.3 Das Kreuz mit den Umzugskosten

Umzugskosten häufen sich schnell:

»Wenn man alles bedenkt und ordentlich auflistet, von den Inseraten über die Renovierung der alten und ggf. der neuen Wohnung; eventuelle Doppelmieten, weil die Kündigungsfrist für die alte nicht immer mit dem Einzugstermin für die neue Wohnung übereinstimmt; Ersatz vom beim Umzug beschädigten Hausrat bis hin zum Umzugswagen, dann kommen da schnell um die 3.000 € zusammen, und dann überlegt sich jede Behörde vielleicht doch noch, dass es billiger kommt, eine höhere Miete zu finanzieren.«[1]

Die SGB II-Träger rund um **Frankfurt am Main** übernehmen grundsätzlich nur die Mietkaution (als Darlehen). Es erfolgt keine Antwort auf Anträge bei Genossenschaftsanteilen. Die Kosten für Ein- und Auszugsrenovierung und für Makler werden nicht übernommen. Diese Kosten werden immerhin in Frankfurt am Main ersetzt.[2] Kosten für Telefon, Zeitung, Anzeigen und Besichtigungsfahrten werden wohl nirgends übernommen.

In **Neumünster** wird nur ein Mietwagen bezahlt, aber keine Kosten für das Schleppen der Möbel.

Die Betroffenen werden aufgefordert, Hilfe bei Verwandten und Bekannten zu suchen. Der Verein Bethel e. V. (Betreuung von Suchtabhängigen) führt Umzüge sehr kostengünstig durch. Die Aufwendungen für die Bethel-Umzüge werden vom SGB II-Träger nur als Darlehen übernommen. Das sind ungefähr 300 € für einen Umzugswagen mit zwei Trägern.[3] Für Renovierung wird nur die Farbe usw. gestellt. Kommen eine Ein- und Auszugsrenovierung zum Umzug hinzu, geraten die Leute finanziell ins Schleudern. Die SOGA e. V. legte Widerspruch dagegen ein, dass noch nicht einmal Darlehen für die Einzugs- und Auszugsrenovierung gewährt werden. Daraufhin gab es ein Darlehen, allerdings nur unter der Voraussetzung, dass der Widerspruch zurückgenommen wurde. Die Folge: Die Betroffenen nahmen den Widerspruch zurück, erhielten das Darlehen und erhoben erneut Widerspruch, diesmal gegen die Gewährung nur als Darlehen.[4]

Die ARGE in **Bochum** bestellt erwerbslose Hilfebedürftige, die angeben, den Umzug nicht mit eigener Kraft zu schaffen, zur Musterung zum Amtsarzt des medizi-

---

[1] Gegenwind (2005).
[2] Gespräch mit Harald Rein, FALZ e. V., Frankfurt am Main, am 7.7.2006.
[3] E-Mail von Jürgen Habich, SOGA e. V., Neumünster, vom 24.7.2006.
[4] Ebd.

nischen Dienstes der Arbeitsagentur. Das betraf sogar Alg II-Bezieher, die Atteste eingereicht hatten.[1] Nach Auffassung der Sozialamtsleiterin Dr. Heide Ott kann der Amtsarzt zur Feststellung, ob der/dem Betroffenen ein Umzug zuzumuten ist, auch auf die Krankenblätter von Haus- oder Fachärzten zurückgreifen und nach Aktenlage entscheiden. Die Betroffenen wurden gebeten, ihre behandelnden Ärzte von der Schweigepflicht zu entbinden.[2]

In **Berlin-Schöneberg** wurde einer 48-jährigen Frau mit erkennbaren Bewegungseinschränkungen neben der Zusicherung der angemessenen Kosten der neuen Wohnung mündlich eine Kostenzusicherung zur Wohnungsbeschaffung und zum Umzug versprochen. Der Frau wurden ausgesuchte Umzugsfirmen empfohlen, von denen sie drei Kostenvoranschläge einholte. Als sie anschließend beim SGB II-Träger mit sämtlichen Kostenvoranschlägen vorsprach, lehnt dieser alle drei Kostenvoranschläge der Umzugsfirmen als zu teuer ab und verweist sie auf 80 € für vier Helfer und ein Darlehen für den Umzugswagen. In Berlin sei das üblich. Speditionen seien zu teuer. Als der Frau sichtlich übel wurde, war der SGB II-Träger bereit, mit dem billigsten Umzugsunternehmen zu feilschen.[3]

In **Freiburg** versucht sich der SGB II-Träger um die Wohnungsbeschaffungs- und Umzugskosten zu drücken – insbesondere durch systematische Nichtinformation.[4]

In **Oldenburg** werden pro Person fünf Umzugskartons gewährt, der Haushaltsvorstand bekommt einen mehr gewährt. Weitere Kosten werden nicht übernommen.[5]

In »Normalfällen« wird in **Bielefeld** verlangt, den Umzug selbst zu organisieren. Als Umzugskosten werden nur durchschnittlich 100 € für Leihwagen und Helferbewirtung anerkannt.

---

[1] Arndt (2006).
[2] Jobst (2006).
[3] Notruftelefon der Kampagne gegen Zwangsumzüge, Frau F., Dokumentation, 20.7.2006.
[4] E-Mail von Ingrid Wagner, ver.di-Erwerbslosenausschuss Freiburg, zur Beantwortung der Fragen zu Kosten der Unterkunft und Umzugsproblematik, vom 4.7.2006.
[5] Telefonat mit Guido Grüner, Arbeitslosenselbsthilfe Oldenburg e. V., am 10.3.2006.

9.4 Wirklichkeit der Wirtschaftlichkeitsberechnung

Verteilt man die 100 €»Umzugskosten« auf zwei Jahre, ist die Wirtschaftlichkeitsgrenze bereits bei 4,16 € monatlicher Mietdifferenz erreicht. Oder andersherum: bereits bei 4,17 € monatlich zu hoher Miete wird zum Umzug aufgefordert![1] Solche Wirtschaftlichkeitsberechnungen für KdU sind aus verschiedenen Städten bekannt. Die anfallenden KdU der gegenwärtigen Wohnung werden multipliziert mit 24 Monaten und den KdU der künftigen Wohnung für 24 Monate zuzüglich der Wohnungsbeschaffungs- und Umzugskosten gegenübergestellt.

Nicht alle SGB II-Träger prüfen die Wirtschaftlichkeit selbst. Mitarbeiter der Ausländerberatungsstelle »Halk Kösesi« aus **Berlin**-Schöneberg berichten, dass die Vergleichsberechnungen in der Beratungsstelle erstellt und den Rechtsanwälten für Klagen mitgegeben würden. Nur dann würde die Wirtschaftlichkeit vom zuständigen SGB II-Träger überhaupt geprüft und eine Kostensenkungsaufforderung durch Umzug unter Umständen zurückgenommen.[2]

Der SGB II-Träger in **Berlin**-Friedrichshain-Kreuzberg verfährt wieder anders. Frau R. wurde gleich mit dem Schreiben der Aufforderung zur Senkung der KdU mitgeteilt, dass ein Umzug wirtschaftlich sei. Eine nachvollziehbare Beispielsrechnung wurde nicht an- und zugestellt; stattdessen allerdings eine Liste mit Wohnungen, von denen sie sich eine aussuchen sollte. Für Wohnungsbeschaffungs- und Umzugskosten wurde insgesamt nur eine Monatsmiete angesetzt.[3]

In **Bielefeld** soll von einer Umzugsaufforderung u. a. (gemäß Richtlinien 1.5.1.) dann abgesehen werden, wenn der Umzug unwirtschaftlich ist. Der Umzug ist unwirtschaftlich, wenn die monatliche Differenz zwischen angemessener und unangemessener Miete – hochgerechnet auf zwei Jahre – die Wirtschaftlichkeitsgrenze um 100 € unterschreitet. Dabei werden die Wohnungsbeschaffungs- und Umzugskosten mit einer Monatsmiete angesetzt. Die Mietkaution wird, weil nur als Darlehen betrachtet, nicht mitgerechnet. Allerdings wird die Berechnung nicht mitgeschickt.[4]

Der Mieterverein **Bochum** forderte, bei der Berechnung der Wirtschaftlichkeit die Umzugskosten realistisch zu kalkulieren.[5] Der Rat in Bochum beschloss, von einer Umzugsaufforderung abzusehen, wenn die mit dem Umzug verbundenen

---

[1] E-Mail von Ulrike Gieselmann, Widerspruch e. V. in Bielefeld, vom 9.3.2006.
[2] Telefonat mit der Beratungsstelle »Halk Kösesi« am 29.6.2006.
[3] Notruftelefon der Kampagne gegen Zwangsumzüge, Dokumentation, 13.7.2006.
[4] E-Mail von Ulrike Gieselmann, Widerspruch e. V. in Bielefeld, vom 9.3.2006.
[5] Hoffmann (2006).

9 Phantom – Wohnungsbeschaffungs- und Umzugskosten

Kosten in einem Missverhältnis zur möglichen Einsparung bei den bisherigen KdU stehen. Der Spielraum von 40 € (= 10 %) scheint zu niedrig angesetzt zu sein, wenn man berücksichtigt, dass neben den reinen Umzugskosten gegebenenfalls auch zweifache Renovierungskosten, doppelte Mietzahlung, Klempner- und Elektrikerhandwerkerbedarf entstehen. Oftmals fallen auch Kosten für das Ausbauen von Einbauküchen oder großen Einbauschränken sowie Teppichen an. Wegen des Ratsbeschlusses bestünde im Einzelfall die Möglichkeit, auf diese zusätzlichen Faktoren einer Unwirtschaftlichkeit hinzuweisen und so eine weitere Übernahme der bisherigen Kosten der Unterkunft zu erreichen.[1] Für das Auto werden 50 €, für die Umzugshelfer 40 € und für Getränke 2 € angesetzt. In einem Fall seien für Umzug und Wohnungsbeschaffung 1.200 € nachgewiesen worden, bewilligt wurden aber trotz vorheriger Kostenzusicherung keine Wohnungsbeschaffungskosten und nur 300 € an Umzugskosten.[2]

Woraus die Leute die Kosten für die Wohnungsbeschaffung und den Umzug aufbringen sollen, steht in den Sternen. Die ARGEs gehen davon aus, dass die Leute zur Umzugsbewältigung genug Geld haben. Mitunter werden sie auf Zuverdienste aus Minijobs, Mehraufwandsentschädigung aus Arbeitsgelegenheiten oder auf die Nutzung der Schonvermögen verwiesen.

---

[1] Unabhängige Sozialberatung, »KdU-Bochum – Übersicht (19.2.2006)«, E-Mail vom 23.7.2006.
[2] Hermann (2006).

10 ZWANGSUMZÜGE »GIBT ES KAUM«

10.1 Umzug und Räumung als Medienereignis

Seit der Einführung des SGB II wird den von diesen Vorschriften Betroffenen durch Presse, Fernsehen und Radio viel Interesse entgegengebracht. Trotz einiger wohlmeinender JournalistInnen handelt es sich in den meisten Fällen um eine von den Betroffenen nicht gewünschte Skandalisierung. Durch den Äther oder über die Bildschirme zu hören und zu sehen sind gebrochene Gestalten, die scheinbar keine Chance haben. Die Medienberichterstattung pflegt genüsslich das Bild von den »Losern« der Gesellschaft.

Eine respektvolle Medienberichterstattung, die die aus den Gesetzen resultierenden Veränderungen berücksichtigt und die daraus erwachsenen politischen und psychosozialen Folgen für die Alg II-EmpfängerInnen und die Gesellschaft wiedergibt, ist kaum vorhanden. Nur wenige JournalistInnen, linke Zeitungen und engagierte Radio- und FilmemacherInnen sind überhaupt bereit und fähig, über Zwangsumzüge als Vertreibung zu berichten.

Seit Bestehen der Kampagne gegen Zwangsumzüge mit dem Notruftelefon geben sich die Presse-, Radio- und FernsehjournalistInnen die Klinke in die Hand. Ungeachtet dessen, dass sie die kurzen Schaltzeiten des Notruftelefons von 10 Uhr bis 13 Uhr für Menschen in Not blockieren, bedrängen sie die ehrenamtlichen MitstreiterInnen mit einem einzigen Wunsch: Jemanden beim Umzug oder bei der Räumung mit dem Mikrofon oder der Kamera zu begleiten. Den JournalistInnen kommt nicht in den Sinn, dass Menschen beim Zwangsumzug oder bei der Räumung massiv unter psychischem Druck stehen. Gedankenlos gehen sie darüber hinweg, dass ein Umzug körperlich anstrengend ist und geistig die volle Aufmerksamkeit erfordert. Auch, dass die Betroffenen diskriminierendem Verhalten aus dem Wohnhaus unterworfen sein könnten, sehen sie nicht ein. Nur die Story zählt.

Trotz unseres Namens »Kampagne gegen Zwangsumzüge« verstehen JournalistInnen nicht, wieso wir ihnen keine Zwangsumzügler »liefern«. Wir unterstützen die Leute, damit sie nicht umziehen müssen. Die meisten AnruferInnen wollen auch gar nicht umziehen und wir versuchen gemeinsam, dies zu verhindern. Resignierte Menschen, die gleich umziehen, melden sich am Notruftelefon nicht.

Im Gegensatz zur Skandalberichterstattung ist die Presse-, Radio- und Fernsehberichterstattung zu Aktionen, Aktionstagen, bei der Verteilung von Materialien gegen Zwangsumzüge und der Unterstützung unserer Aufklärung verschwindend gering. Aus TV-Interviews werden politische Äußerungen und Forderungen an die Bundespolitik und an die Landespolitik gelöscht. Nur ins Sendeformat passende Äußerungen gegen die Zwangsumzüge werden übertragen. In fast jedem Fall wird VertreterInnen von Politik und Institutionen die Redehoheit eingeräumt.

10.2 Zwangsumzüge – das unbekannte (Un-)Wesen

In **Dortmund, Frankfurt am Main, Freiburg, Hannover, Göttingen, Offenburg, Lippstadt, Mainz, Kassel, Bochum, Oberhausen** und **Köln**[1] wird die tatsächliche Anzahl der Zwangsumzüge unter der Decke gehalten. SGB II-Träger und Stadtverwaltungen nennen keine Zahlen. Von Kommunalverwaltungen werden die wachsenden KdU-Ausgaben kritisiert. Eine offizielle Verweigerung der Kommunen gegenüber der Strategie der Großen Koalition, den Kommunen die Verantwortung für die Arbeitslosen und Bedürftigen zu übertragen, gibt es nicht.

Stadtverwaltungen rühmen sich, dass es bei ihnen keine Zwangsumzüge gibt. »Normale« Bürger werden so nicht aufgeschreckt. Verdeckt bleibt, dass Betroffenen die Umzugskosten nicht ersetzt werden, falls sie sie nicht durch erfolgreiche Klagen vor dem Sozialgericht doch noch erhalten. Die Verantwortung für die Verschuldung wird stillschweigend oder offen den Betroffenen selbst angelastet, obwohl SGB II-Träger durch ihr Verwaltungshandeln oft diese Schulden verursachen. Zusammen mit den SGB II-Trägern lösen die Stadtverwaltungen ihre Finanzprobleme auf dem Rücken der erwerbslosen Hilfebedürftigen.

Nur in wenigen Städten existiert ein Überblick über die seit dem Jahr 2005 umgezogenen Alg II-EmpfängerInnen. In **Berlin** sind bis Ende Juni 2006 103 Alg II-BezieherInnen nach Anordnung umgezogen. Die »freiwilligen« Umzüge von Alg II-Beziehenden zählen die SGB II-Träger nicht, denn wahrscheinlich haben sie keine Aufwendungen dafür. In **Leipzig** gibt es täglich fünf Zwangsumzüge. 900 dieser Zwangsumzüge hat es in Leipzig schon gegeben, berichtet Pia Witte vom Zentrum für Integration. Der gemeinnützige Verein steht in der Sachsenmetropole Erwerbslosen beim schwierigen Umgang mit den »Jobcentern« zur Seite.[2] In **Freiburg** sind nach Presseberichten 45 Bedarfsgemeinschaften umgezogen. Hinzu kommen zwölf Auszüge von Personen unter 25 Jahren. Letztere erfolgten von Ende Februar bis Ende April 2006.[3] Von den zwölf Auszügen der unter 25-Jährigen erfolgte einer wegen Schwangerschaft, zwei wegen familiärer Situation, vier

---

[1] Treffen des Runden Tisches der Erwerbslosen- und Sozialhilfeorganisationen am 18.7.2006 in Kassel. Ellen Diederich, Telefonat, 4.7.2006, E-Mail von Anne Eberle, Dortmund, vom 5.7.2006, E-Mail von Norbert Hermann.
[2] Pomrehn (2006).
[3] E-Mail von Ingrid Wagner, ver.di-Erwerbslosenausschuss Freiburg, vom 4.7.2006.

aus der Obdachlosigkeit in betreutes Wohnen. Bei dreien war die Wohnung zu klein oder zu teuer. Zwei junge Leute vor dem 25. Geburtstag mussten aus sonstigen Gründen umziehen. In **Wuppertal** mussten seit Januar 2005 nach 900 Aufforderungen 60 Erwerbslose umziehen.[1]

Gleichwohl ist ungefähr von einem Drittel der NutzerInnen des Notruftelefons zu hören, dass sie umziehen wollen oder werden, dass sie die Zusicherung zur Übernahme der angemessenen Kosten der neuen Wohnung hätten, dass sie die Zusicherung zu den Wohnungsbeschaffungskosten und Umzugskosten nicht bekämen, dass sie verfrüht den neuen Mietvertrag unterschrieben oder die Wohnung in Panik gekündigt hätten, dass sie im Umzug begriffen seien oder ihn vollzogen hätten. In **Berlin** hatten wir seit dem 21.3.2006 ungefähr 800 Anrufe bis Anfang Juli. Ungefähr 300 Gespräche haben wir geführt, davon haben sich mehr als ein Drittel zu drohenden, bevorstehenden, laufenden oder beendeten Umzüge oder ihrer Bereitschaft dazu geäußert. Von den AnruferInnen dürften 100 umgezogen sein. Von 5.100 zur Senkung der KdU tatsächlich aufgeforderten Bedarfsgemeinschaften bis Ende Juni 2006 in Berlin entspräche dies etwa 600 Umzügen.

10.3 Sparen und Qualitätsmängel zulasten der Alg II-BezieherInnen

Diese magere Ausbeute an Zahlen der Zwangsumzüge zeigt eine Politik, die Statistiken verhindert und das Problem aus der Welt definiert. Mit dem SGB II ist eine perfekte Grundlage für Interessenarrangements vorhanden. Bund und Kommunen wollen und müssen Geld sparen. Deshalb schöpfen Kommunalverwaltungen als weisungsbefugte Behörde gegenüber den SGB II-Trägern ihren Ermessensspielraum zugunsten Hilfebedürftiger nur nach Protesten der Bevölkerung aus. Sie könnten z. B. gegen die Rechtsunsicherheit Fachaufsichten oder paritätisch besetzte Prüfstellen zur Kontrolle des Verwaltungshandelns der SGB II-Träger einrichten. Mitunter kennen die Abgeordneten in Stadt- und Landkreisparlamenten ihre Aufgaben und Befugnisse nicht.

Von SozialarbeiterInnen ist zu hören, dass sie mit vielen MitarbeiterInnen von SGB II-Trägern wie in rosa Watte reden würden, da diese sie wegen mangelnder Kenntnisse nicht verstehen. MitarbeiterInnen der SGB II-Träger benötigen Qualifizierung für die Sozialgesetzbücher, das SGB II und ihre Auslegung. MitarbeiterInnen der Rechtsabteilung der SGB II-Träger und der ehemaligen Sozialämter sprechen vom Learning by doing, von einwöchigen »Schnellkursen« zur Ausbildung und von Projektqualifizierung der Vorge-

---

[1] Arndt (2006).

setzten.[1] Das Kommunale Bildungswerk e. V. bietet z. B. einwöchige Fach- und Fortbildungsseminare für MitarbeiterInnen von Behörden und Sozialversicherungsträgern[2] an. Die Veranstaltungen bieten einen qualifizierten Überblick, können aber die im Sozialversicherungsrecht nicht vorgebildeten Angestellten der SGB II-Träger nicht zum korrekten Bescheiden von Anträgen befähigen. GewerkschafterInnen berichten in den Fachgruppenversammlungen von den schwierigen Arbeitsbedingungen in den SGB II-Trägern wie unterschiedliche Tarife, auf zwei Jahre befristete Einstellung neuer Kräfte mit einem halben Jahr Probezeit, Arbeiten nach Sanktionsquoten oder die Eingabe in PC-Masken als Anlernen.

---

[1] Verhandlung gegen Herrn G. vor dem Sozialgericht Berlin am 13.12.2005. Tribunal gegen Armut und Elend, Zeuge aus dem Bezirksamt Friedrichshain-Kreuzberg, Berlin, 16.3.2006.
[2] Kommunales Bildungswerk e. V. (2005).

11 WIDERSTAND GEGEN WOHNUNGSRAUB

11.1 MieterInnen in Bewegung – ein (fast) vergessener Kampf
(Peter Nowak)

Der Kampf um den Erhalt des eigenen Dachs über dem Kopf hat nicht erst heute begonnen. Allerdings wird er in den Geschichtsbüchern kaum oder nur am Rande erwähnt. »Die Geschichte der Mieterbewegung ist seit jeher ein weißer Fleck auf der Karte der deutschen Sozialgeschichtsschreibung«, schreibt der Berliner Journalist Uwe Rada in seinem 1991 im Christoph-Links-Verlag herausgebenen »Mietenreport«.

Wenn überhaupt, dann werden Mieter, Wohnungssuchende und Obdachlose lediglich als Bestandteil der seit dem 19. Jahrhundert diskutierten »sozialen Frage« erwähnt, als Subjekte ihrer eigenen Geschichte aber totgeschwiegen. Umso notwendiger ist es gerade für jüngere Bewegungen, die Geschichte, die Erfolge, aber auch die Fehler von früheren Kämpfen zu kennen. Besonders Berlin war häufiger ein Zentrum von MieterInnenbewegungen, die immer in Zeiten stattfanden, in denen die sozialen Widersprüche besonders deutlich wurden und oft auch zu sozialen Unruhen auf anderen Ebenen führten.

**Die Blumenstraßenkrawalle –
ein Funke löst einen dreitägigen Aufstand aus**

1872 war ein solches Jahr. Ein Jahr zuvor war Berlin feierlich zur Hauptstadt des deutschen Kaiserreichs erklärt werden. Während die Junker und die aufstrebende Kapitalistenklasse feierten, lebten in Berlin große Teile der Bevölkerung unter unvorstellbaren Bedingungen. Der Zuzug nach Berlin war groß, die Wohnungen wurden teurer. Die Hausbesitzer wollten natürlich aus der Wohnungsnot ihren Profit ziehen und setzten immer mehr Menschen auf die Straße, die die Miete nicht bezahlen konnten. Ende Juli 1872 war die Unzufriedenheit unter den Betroffenen so groß, dass der Rausschmiss des 56-jährigen Tischlers Ferdinand Hartstock am 25.7.1872 das Fass zum Überlaufen brachte. Der Tischler hatte seinen Rausschmiss aus dem Haus, in dem er geboren war, nicht einfach hingenommen. Er gehörte auch nicht zu der Masse der Exmittierten, die voller Scham vor der Nachbarschaft schnell mit ihrer Habe verschwanden. Ferdinand Hartstock protestierte vielmehr vor dem Haus lautstark gegen die Willkür des Besitzers. Eine große Menschenmenge kam hinzu und schnell waren die Fenster des Hausbesitzers entglast. Als die Polizei die Menge auflösen wollte, eskalierte die Situation. Rund um das heutige Schlesische Tor tobten drei Tage lang die Auseinandersetzungen zwischen Polizei und großen Teilen der Bevölkerung. Es war eine klassische Revolte, ohne Zentrum, ohne Planung, und deshalb konnte sie keine nachhaltige Wirkung haben.

»Augenblicklich ist in Berlin aber durch den grenzenlosen Nothstand und den Uebermut der Hausbesitzer solcher Zündstoff angesammelt, dass jeder Funke zur Flamme auflodern muss«, schrieb der Neue Social-Demokrat, das Blatt der damals noch nicht staatstragenden Sozialdemokratie am 31.7.1872, als sich die Auseinandersetzungen gerade wieder beruhigt hatten.

MieterInnenbewegung in der Weimarer Republik

Mit dem Beginn der Novemberrevolution im Jahr 1918 geriet das soziale Gefüge der monarchistisch-kapitalistischen Diktatur ins Wanken. Wie die organisierten ArbeiterInnen, die Soldaten und die Erwerbslosen begannen sich auch die MieterInnen in eigenen Organisationen zu organisieren und setzten sich gegen die Willkür der HausbesitzerInnen zur Wehr. Die Frage nach bezahlbaren Wohnungen war zu dieser Zeit sogar eine der zentralen Auseinandersetzungen. Das war für die Betroffenen eine existenzielle Frage.

Denn die Novemberrevolution brachte nicht die von großen Teilen der Bevölkerung erhoffte grundlegende soziale und politische Veränderung. Je mehr die Institutionen und Organe, die eine grundlegende Umwälzung propagierten, zerschlagen und zurückgedrängt wurden, desto mehr witterten die schon im Kaiserreich herrschenden Klassen wieder Morgenluft. Das wurde auf dem Sektor des Wohnungswesens ganz deutlich. Schon zu Beginn des Jahres 1919 wurden alle Kontrollmöglichkeiten der MieterInnen sowie Mietpreisbindungen und die Überführung von Wohnungsbestand in kommunales Eigentum rückgängig gemacht. Deshalb beteiligte sich auch der Haus- und Grundbesitzerverband im Berliner Stadtteil Neukölln direkt an der Ausschaltung der Räte. Drastische Mietsteigerungen und Kündigungen erinnerten im Jahr 1919 fast an die Zustände von 1872.

Nur mit einem Unterschied: Die totale Rechtlosigkeit der MieterInnen war zu Ende. Sie gründeten Organisationen wie die MieterInnenräte und -ausschüsse, die überwiegend auf Selbsthilfe ausgerichtet waren. So wurden selbst durchgeführte Reparaturen in den Wohnungen von der Miete selbstständig abgezogen, und gegen Räumungen wurde schon einmal die Nachbarschaft mobilisiert. Bereits um die Jahreswende 1918/19 wurde im Stadtteil Weissensee der erste Mietstreik organisiert. Er scheint nicht ohne Wirkung geblieben sein. So heißt es im KPD-Organ Rote Fahne vom 31.12.2006:

»Die Hausbesitzer in den nördlichen Vororten [von Berlin, d. V.] klagen aber sehr, dass die Zahl der Leute, die böswillig keine Miete entrichten, immer größer wird.«

Der Staat als idealer Gesamtkapitalist konnte das natürlich nicht zulassen. Im Frühjahr 1919 wurde von Polizei und Reichswehrtruppen eine MieterInnendemonstration im Berliner Lustgarten gewaltsam aufgelöst und im Anschluss sämtliche Teilnehmer einer MieterInnenversammlung festgenommen.

»Mieterschutz oder Mieterstreik«

Die Spaltung der ArbeiterInnenbewegung in einen reformerischen sozialdemokratischen und einen systemüberwindenden kommunistischen Flügel wirkte sich natürlich auch auf die MieterInnenbewegung aus. Die Differenzen lassen sich sehr gut an dem Motto einer Veranstaltung ablesen, zu der im Februar 1919 geladen wurde. Es lautete: »Mieterschutz oder Mieterstreik«.

Im Januar 1921 kam es schließlich zur endgültigen Spaltung in eine sozialdemokratisch orientierte Organisation, die auf parlamentarische Verbesserungen setzte, und den aus den MieterInnenräten hervorgegangenen »Groß-Berliner Mieter-Verband«, der vorrangig auf direkte Kampfformen der Betroffenen setzte. Das war vor allem das Mittel des MieterInnenstreiks. Vor allem in den Mietskasernen im Osten und Norden Berlins, wo auch der Großteil des hauptstädtischen Proletariats lebte, wurde diese Parole aufgegriffen. Schon am 1.4.1921 traten dort Tausende Betroffene in den Mietstreik. Die Forderungen waren grundlegend:

- Einweisung von kinderreichen armen Familien in große Wohnungen der Reichen,
- Rückführung des zu Bürozwecken verwendeten Wohnraums in den Wohnungsbestand,
- Beschlagnahme von Schlössern und Villen für Zwecke des Wohnens und der sozialen Wohlfahrtspflege,
- Bau neuer Wohnungen unter Kontrolle der MieterInnenorganisationen.

Die Informationen über Ausmaß und Verlauf sind kaum vorhanden, weil die der SPD nahestehenden MieterInnenorganisationen genau wie Regierung und Grundbesitzerverband die Bewegung diffamierten und zur Kriminalisierung aufriefen. Die radikalen, das kapitalistische Privateigentum infrage stellenden Forderungen konnten nicht durchgesetzt werden. Aber der Bewegung musste das bald ausgehöhlte Zugeständnis der Mietpreisbindung gemacht werden. »Schließlich war die MieterInnenbewegung damals Teil einer breiten Mobilisierung für die Vergesellschaftung nicht nur des Wohnungswesens, sondern auch der Großindustrie«, wie Uwe Rada in seinem oben genannten Buch richtig anmerkt.

Erst das Essen – dann die Miete

Unter anderen gesellschaftlichen Bedingungen wurde auf das Mittel des Mietstreiks am Ende der Weimarer Republik noch einmal massenhaft zurückgegriffen. Die Weltwirtschaftskrise und die darauf folgende Massenarbeitslosigkeit hatten zu einer massiven Verelendung großer Teile der Lohnabhängigen und Erwerbslosen geführt. Oft war kein Geld für das Essen da, für die Miete reichte es auch nicht. Deshalb prägten AktivistInnen die Parole »Erst das Essen – dann die Miete«. Begonnen hat der Mietstreik am 1.8.1932 in Berlin-Mitte, wo nach einer Versammlung 180 Mietparteien aus 14 Häusern geschlossen die Zahlungen verweigerten. Die Hauptforderungen waren der Erlass der oft horrenden Mietschulden und die Verringerung der Miete um 30 %. Die Bewegung breitete sich von Berlin-Mitte in den benachbarten Stadtteil Prenzlauer Berg aus. Am 18.8.1932 wurde die gesamte Hausversammlung der Lychener Straße 18 und am darauf folgenden Tag eine Konferenz der MieterInnenräte in der Liebenwalder Straße 41 verhaftet, was aber die Bewegung noch verbreitete.

Vor allem drohende Wohnungsräumungen wurden zunehmend nicht mehr einfach hingenommen. Vielmehr versammelten sich die Nachbarn und zwangen durch das Einnehmen einer drohenden Haltung die Gerichtsvollzieher und die zur Unterstützung herangezogene Polizei zum Rückzug. Im September 1932 hatten sich in einen Saal in der Hasenheide ca. 1.000 Delegierte versammelt, die rund 35.000 MieterInnen vertraten. Sie berieten über die Perspektiven der Bewegung. Zu diesem Zeitpunkt gab es schon erste Erfolge. In einigen Häusern waren die Mieten tatsächlich gesenkt und die Schulden gestrichen worden.

Gerade die Erfahrung, dass durch eine Stadtteilmobilisierung eine Räumung verhindert werden kann, machte natürlich Mut und zog auch Kreise in den Kampf, die vorher aus Angst vor dem Verlust ihrer Wohnung noch abseits standen. Im Herbst 1932 stellte sich gar die SPD auf die Seite der Streikenden. Die Bewegung hatte eine so große Eigendynamik bekommen, dass es nicht mehr möglich war, sie zu ignorieren und zu bekämpfen. Denn mittlerweile hatte sich auch das sozialdemokratische Milieu den Streiks angeschlossen, die sich auf ganz Berlin ausbreiteten. Sowohl in Mitte, in Prenzlauer Berg, in Neukölln als auch in Wedding hatte die Bewegung ihre Symbolhäuser. Das Zille-Zitat »Man kann Menschen auch mit einer Wohnung erschlagen« fand damals viel Zustimmung und wurde oft zitiert. Allerdings schien die Bewegung im Januar 1933 an Dynamik verloren zu haben. Die Meldungen wurden spärlicher. In der KPD-nahen Presse wurde für Ende Januar noch einmal zur vierten »Groß-Berliner Delegiertenkonferenz« mobilisiert.

Uwe Rada sieht die Ursache vor allem darin, dass mit der immer klarer sich abzeichnenden Machtübertragung an die Nazis andere Probleme in den Vordergrund traten. Der Zusammenhang liegt auf der Hand. Die Bewegung war nur erfolgreich, wenn sie in eine Agenda des sozialen Widerstands eingebettet war. Der von den herrschenden Klassen unterstützte Machtantritt der Nazis markierte die Niederlage dieses Widerstands auf der ganzen Ebene, die MieterInnenbewegung nicht ausgenommen.

11.2 Kampagne gegen Zwangsumzüge

Gegenwehr beginnt dort, wo die Menschen wohnen, denen die Wohnungen weggenommen werden sollen. Bundesweit haben sich im Jahr 2005 in vielen Städten und Orten Initiativen gegen Zwangsumzüge gebildet wie

- das Aktionsbündnis Montagsdemo in Oberhausen,
- die AG »Arbeit und Armut in Hamburg« bei der Linkspartei und WASG in Hamburg,
- das Erwerbslosenforum Bonn mit einer bundesweiten Notrufnummer,
- die Notgemeinschaft in Bochum,
- die AG Soziale Politik/Linkspartei.PDS Leipzig,
- die Kampagne gegen Zwangsumzüge in Berlin.

Sie werden unterstützt von

- Mieterverbänden,
- Sozialberatungen,
- Erwerbsloseninitiativen,
- vielen Wohnungslosen- und Obdachloseninitiativen,
- ver.di-Erwerbslosenausschüssen,
- Sozialforen,
- der BAG-SHI e. V.,
- der BBI e. V.,
- der Koordinierungsstelle gewerkschaftlicher Arbeitslosengruppen.

Um die Sorgen und Nöte der Menschen zu erfahren und sie aufzufangen, gibt es

- Info- und Notruftelefone,
- Beratungsinitiativen,
- Unterstützungsnetzwerke,
- Anwaltstreffen in Bochum und sporadische Proteste,
- Kiezarbeit mit Telefonketten, informellen Verbindungen und Hilfen bei Räumungen.

Im März 2006 meldete sich in Berlin die bundesweite Kampagne gegen Zwangsumzüge öffentlich zu Wort. Startschuss der Kampagne war der offizielle Beginn

der Aufforderungen zur Senkung der KdU an Alg II-BezieherInnen in Berlin am 1.1.2006.
»Wird in einem ersten Überprüfungsverfahren festgestellt, dass die Wohnung der Alg II-Empfänger für die ab 1. Juli 2005 geltenden Richtlinien zu teuer ist, sollen Sie durch Untervermietung oder Verhandlungen mit dem Vermieter dafür sorgen, dass Ihre Bleibe billiger wird. Andernfalls müssen Sie den überschüssigen Betrag aus ihrem Alg II selbst bezahlen oder im schlimmsten Fall die Wohnung wechseln. Mietervereine und Hartz-Gegner reden von bundesweit bis zu über einer halben Million betroffener Haushalte.«[1]

Die Widerständigen geben sich nicht damit zufrieden, dass durch die Politik der Bundesregierung und der Kommunen Alg II-Beziehende aus ihren Wohnungen vertrieben werden. Nicht zu Unrecht wird befürchtet, dass mit den Aufforderungen zur Senkung der KdU die SGB II-Träger die Menschen in Angst und Schrecken versetzen. Den Alg II-EmpfängerInnen droht bei der Nichtmitwirkung an der Senkung der KdU die Aushungerung und die Vertreibung aus den Wohnungen. Das Anliegen der Initiativen und Sozialprotestzusammenhänge gegen Zwangsumzüge im Bundesgebiet ist die Verhinderung des Auszuges von Menschen aus ihren Wohnungen nur deshalb, weil ihre Miete angeblich zu hoch ist. Denn das Wohnen in einer Wohnung ist ein Grundbedürfnis jedes Menschen und eine Grundbedingung dafür, dass er am gesellschaftlichen Leben überhaupt teilnehmen kann. Ohne Wohnung gibt es keine Erwerbsarbeit, die gesamte bürgerliche Existenz steht auf dem Spiel.

Die BAG-SHI und der Runde Tisch der Erwerbslosen- und Sozialhilfeorganisationen machen seit mehr als zwei Jahren auf die Problematik aufmerksam. Sie bieten Schulungen für Betroffene und Initiativen an. 2005 fanden in Oberhausen, Bochum und Bremen[2] die ersten großen Proteste gegen die Aufforderungen zur Senkung der KdU und die niedrigen Mietobergrenzen statt. In Berlin begann die Berliner Kampagne gegen Hartz IV 2004 mit der Skandalisierung des Umgangs mit den KdU bei Alg II-BezieherInnen. Wiederholt hatte 2005 der Stadtforscher Sigmar Gude vom TOPOS-Institut darauf aufmerksam gemacht, dass wegen Hartz IV in Berlin 40.000 bis 70.000 Menschen[3] ihre Wohnung verlassen müssten. Beim Sozialforum Bochum gründete sich die Notgemeinschaft Bochum. Am 18.2.2006 fand eine große Demonstration gegen Zwangsumzüge in Köln unter dem Motto »Gegen Zwangsumzüge und Wohnraumzerstörung!« vom Netzwerk ver.di für eine kämpferische Linke, dem Anti-Hartz-Bündnis und dem Erwerbslosenforum Bonn statt. In Wuppertal wurde am 23.2.2006 um 11.11 Uhr der Akti-

---

[1] Mattern (2006).
[2] Solidarische Hilfe e. V. (2005).
[3] Gude (2005).

11.2 Kampagne gegen Zwangsumzüge

onstag gegen die Hartz IV-Stallpflicht für junge Erwerbslose mit einer Demonstration am Rathaus in Wuppertal-Barmen im Rahmen des Karnevals durchgeführt.[1] Wir haben einen Kinoclip[2] gedreht, Infoflyer angefertigt, Radiospots geschaltet, uns gegenseitig geschult, uns einen Überblick über Zwangsumzüge im Bundesgebiet verschafft und ein kostenfreies Notruftelefon von 10 Uhr bis 13 Uhr eingerichtet. Uns rufen Menschen mit Alg II, mit Niedriglohn, in Sozialhilfe sowie Grundsicherung für Alte und Leistungsgeminderte an, die eine Aufforderung zur Senkung der KdU bekommen haben. Wir klären mit Ihnen die notwendigen Aktivitäten beim Umgang mit den Aufforderungsschreiben oder Problemen zu anderen Fragen des SGB II, leiten Sie an Beratungsstellen und Rechtsanwälte weiter oder zeigen ihnen Informationsquellen wie Ratgeber und Internet.

Dauerbrenner sind:

- Härtefälle bei Alten, Kranken, Behinderten, allein Erziehenden mit Kindern,
- keine Ermessensausübung bei Jugendlichen bis zum 25. Geburtstag beim Erstumzug,
- keine Würdigung des besonderen Einzelfalls des Bedürftigen vor der Aufforderung zur Senkung der KdU,
- keine Aufklärung zu Aktivitäten und Nachweisen bei der Aufforderung,
- Umgang mit Mietkostenübernahmeforderungen der Vermieter,
- Mietschulden,
- Räumungsklagen.

Die Ergebnisse des Nottelefons werden dokumentiert und ausgewertet und der Dialog mit den Stadtverwaltungen geführt.

Die Aktivitäten der Initiativen der Kampagne gegen Zwangsumzüge umfassen:

- Aufklärung,
- Veranstaltungen,
- konkrete Unterstützung zur Verhinderung von Räumungen mit Blockaden,
- Blitzlichtanalysen zur Lage der Zwangsumzüge in der BRD,
- Recherchen in Zeitungen und im Internet zur Beschaffenheit des Wohnungsmarktes (Wohnungsanzeigen, übliche Mieten, Möglichkeit von Umzügen; Preise, Qualität/Beschaffenheit von Wohnungen, Höhe der Kaution, Notwendigkeit von Maklern),
- Verteilen von Flugblättern vor den SGB II-Trägern.

---

[1] http://de.indymedia.org/2006/02/139707.shtml
[2] http://www.umbruch-bildarchiv.de/video/hartzIV/0800_2727278.html

Es gibt Aktionstage, z. B. den Aktionstag gegen Zwangsumzüge, Lohndumping und Hartz IV in Berlin am 28.4.2006 unter dem Motto »Zieht doch selber um!«[1] von Interkomm,[2] Erwerbsloseninitiativen und dem Erwerbslosenladen »Lunte« sowie den Protesttag der Notgemeinschaft Bochum im Ruhrgebiet zu Zwangsumzügen[3] am 18.5.2006. Dieser wurde gestaltet von einem Bündnis aus AK Erwerbslose IG Metall Bochum, Arbeitsloseninitiative Werkschlag, Attac Bochum, Attac campus Bochum, Bahnhof Langendreer, Zentrum für Soziokultur, DGB Bochum, DGB Region Ruhr-Mark, DKP Bochum, Evangelisches Sozialpfarramt Bochum, ESG – Evangelische Studierendengemeinde Bochum, Friedensplenum Bochum, Gewerkschaft Erziehung und Wissenschaft Bochum, Linkspartei.PDS Bochum, Medizinische Flüchtlingshilfe Bochum, Mieterforum Ruhr, Mieterverein Bochum, Hattingen und Umgegend, Montagsdemo Bochum, MLPD Bochum, »Notgemeinschaft Hartz IV«, Redaktion bo-alternativ, Redaktion Labournet Germany, Soziale Liste, Soziales Zentrum Bochum, Sozialforum Bochum, Sozialverband Deutschland (SoVD) ehemals Reichsbund, Bezirk Bochum-Hattingen, Sozialverband VdK, Kreisverband Mittleres Ruhrgebiet, SIWB – Schöner Wohnen in Bochum, Unabhängige Sozialberatung, ver.di Bochum-Herne, Vivus – Kultur in Gefahr, VVN-BDA Bochum, WASG-Kreisverband Bochum und Herne, WASG-Landesverband NRW.

Dazu gehört die Aktion der BAG-SHI am 28.5.2006 in Naumburg »Wenn die Wohnungen Beine kriegen«[4] und die Demonstration am 26.6.2006 in Köln von verschiedenen Arbeitslosen- und Sozialhilfeinitiativen, dem Erwerbslosenforum Bonn, des Aktionsbündnisses Sozialproteste gegen Hartz IV und Zwangsumzüge. Wir nutzen Radiosendungen, Fernsehsendungen und alternative Medien, um uns bekannt zu machen.

Neben der bundesweiten Kampagne gegen Zwangsumzüge der unabhängigen Initiativen haben sich erste Beratungsstellennetzwerke wie das Berliner Beratungsnetzwerk gegen Arbeitslosigkeit und Armut gebildet, in dem sich Beratungsstellen der Wohlfahrtsverbände und der Gewerkschaften zusammengeschlossen haben. Zu den Beratungsinitiativen gehören auch all die kleinen Gruppen, die Internetseiten einrichten und dort Tipps geben und Rechtshilfen bekannt machen wie z. B. die Arbeitslosenselbsthilfegruppe Gelsenkirchen,[5] die Bürgerinitiativen gegen die Privatisierung von öffentlichem Wohnraum und anderen öffentlichen Gü-

---

[1] http://de.indymedia.org/2006/04/145066.shtml
[2] http://www.interkomm.tk
[3] http://www.bo-alternativ.de
http://www.westline.de/nachrichten/lokal/
[4] BAG-SHI (2006).
[5] http://www.asg-ge.de/pages/startseite.php

tern, die Kölner Arbeiterfotografie mit ihren Plakatserien und Fotos zu Hartz IV,[1] die Gruppen der Interventionistischen Linken. Sie besuchen Wohlfahrtsverbände oder führen Aktionen gegen die Räumung von Wohnraum durch, z. B. Schlafen in Schlafsäcken auf Parkbänken vor den Rathaustüren.[2] In Köln besetzten sie das Barmer Viertel,[3] um es vor dem Abriss zu bewahren.

11.3 Politische Forderungen

- **Forderungen an die CDU/ CSU-SPD-Regierungskoalition[4]**
  - Erhöhung der Regelleistung sofort auf 500 €, bis Dezember 2006 auf 690 €, mittelfristig ein bedingungsloses Grundeinkommen für alle von 850 € plus volle Wohnkosten und Krankenversicherung!
  - Volle Übernahme der KdU durch den Bund.
  - Genereller Ausschluss von Zwangsumzügen bei Bedürftigen.
  - Notwendige Umzüge zulassen, die Freizügigkeit für bedürftige Jugendliche unter 25 Jahren gewährleisten.
  - Fördermöglichkeiten für unabhängige Beratungsstellen auflegen!

- **Forderungen an die Bundesagentur für Arbeit**
  - Information, Aufklärung und Beratung nach den §§ 13–15 im Sozialgesetzbuch I durch die SGB II-Träger gewährleisten.
  - Ausbildung der MitarbeiterInnen in den SGB II-Trägern, damit Willkür gegen Hilfebedürftige unterbleibt.

- **Forderungen an den Berliner Senat**
  - Die Behördenwillkür abstellen! Die Jobcenter sollen rechtswidrige Aufforderungen zur Senkung der KdU bei Härtefällen, Alten, Kranken, Behinderten, Eltern(teilen) mit Kindern unterlassen. Die Jobcenter sollen Entscheidungsspielräume im speziellen Fall zugunsten der Betroffenen auslegen.
  - Die Mietobergrenzen umgehend um 20 % anheben.
  - Eine Wohnungsmarktanalyse in Zusammenarbeit mit der Wohnungswirtschaft und den Mieterorganisationen durchführen.
  - Kostenanalysen und -prognosen der Entwicklung der Nebenkosten bis 2009 unter Berücksichtigung der Mehrwertsteuererhöhung erarbeiten, um die Mietobergrenzen realistisch zu bestimmen.

---

[1] http://www.arbeiterfotografie.com/sozialraub/index.html
[2] Diederich (2006).
[3] http://www.koelner-sozialforum.de
[4] Kampagne gegen Zwangsumzüge (2006).

- Umzüge von bedürftigen Jugendlichen unter 25 Jahren aus dem Elternhaus unterstützen.
- Prüfdienste in neun Jobcentern und acht Sozialämtern abschaffen und diesbezüglich die Position der Datenschutzbeauftragten von Bund und Ländern übernehmen.
- Die Anzahl der »freiwilligen« Umzüge transparent machen.
- Zuschnitt der Ausführungsbestimmungen zum Wohnen nach bundesgerichtlichen Urteilen und nach dem Sozialgesetzbuch II! (Zum Beispiel Ein- und Auszugsrenovierung per Mietvertrag, volle Wohnungsbeschaffungskosten usw.)
- Dafür Sorge tragen, dass Umzugsaufforderungen in den Verwaltungsbezirken unterbleiben, wo es nachweislich überhaupt keinen preiswerten Wohnraum gibt.
- Einhaltung der AV Wohnen bei der Umsetzung durch die Jobcenter kontrollieren.
- Die Wohnungsbeschaffungs- und Umzugskosten bei notwendigen Umzügen finanzieren.
- Fachaufsicht in Form einer Prüfstelle bei der Senatsverwaltung für Gesundheit, Soziales und Verbraucherschutz oder der Senatsinnenverwaltung (vorgesetzte Behörde der bezirklichen Sozialämter) zur Kontrolle der Entscheidungen in den Jobcentern einrichten und mit unabhängigen Personen besetzen.
- Einfluss nehmen auf die landeseigenen Wohnungsunternehmen zugunsten einer »Hartz IV-kompatiblen« Mietpreispolitik.
- Sozialpolitische Verantwortung wahrnehmen, indem mit privaten Wohnungsunternehmen über »Mietrabatte« für Hartz-IV-Haushalte in Fällen von Überschreitungen der Mietobergrenzen verhandelt wird. Die Initiative kann beispielsweise von einem Rat der Bürgermeister ausgehen.
- Ein vom klassischen Sozialmarkt (Wohlfahrtsverbände) unabhängiges Beratungsnetzwerk für Langzeiterwerbslose unter wesentlicher Beteiligung Betroffener durch das Land Berlin finanzieren.

ANHANG

A Notruftelefone, Internetseiten

- **Kampagne gegen Zwangsumzüge Notruftelefon Berlin**
  Telefon (0800) 2 72 72 78
  Mo.–Fr. von 10–13 Uhr
  kostenfrei, nur aus dem Berliner Festnetz
  keinzwang@jpberlin.de
  http://www.gegen-zwangsumzuege.de (dort weitere Beratungsstellen)

- **Berliner Infotelefon zu »Umzugsaufforderungen nach Hartz IV«**
  Telefon (0 30) 80 90 82 42
  Mo. und Mi. von 17–19 Uhr
  Berliner Arbeitslosenzentrum (BALZ) in den Evangelischen
  Kirchenkreisen Berlin Stadtmitte und Wedding e. V.
  Kirchstr. 4
  14163 Berlin
  Telefon (0 30) 8 01 40 61
  Telefax (0 30) 8 02 63 07
  vorstand@berliner-arbeitslosenzentrum.de
  http://www.berliner-arbeitslosenzentrum.de

- **Ein-Euro und AV-Wohnen-Telefon**
  ver.di Erwerbslosenausschuss Berlin
  Telefon (0 30) 88 66 43 77
  Mo. von 12–16 Uhr, Di. von 14–18 Uhr
  erwerbslosenausschuss.berlin@verdi.de
  http://www.erwerbslose.berlin.verdi.de

- **Berliner MieterGemeinschaft e. V.**
  Möckernstr. 92
  10963 Berlin
  Geschäftszeiten:
  Mo., Di. und Do. von 10–13 Uhr und 14–17 Uhr
  Mi. von 10–13 Uhr, Fr. von 10–13 Uhr und 14–16 Uhr
  Telefon (0 30) 2 16 80 01
  Telefax (0 30) 2 16 85 15
  verwaltung@bmgev.de
  http://www.bmgev.de

A Notruftelefone, Internetseiten   **91**

- **LabourNet Germany**
Umzug droht – was tun?
http://www.labournet.de/diskussion/arbeit/realpolitik/hilfe/umzug_bo.pdf

- **Koordinierungsstelle gewerkschaftlicher Arbeitslosengruppen in Berlin**
Märkisches Ufer 28
10179 Berlin
Telefon (0 30) 8 68 76 70 -0
Telefax (0 30) 8 68 76 70 -21
info@erwerbslos.de
http://www.erwerbslos.de

- **Unabhängige Sozialberatung in Bochum**
Beratungs- und Beschwerdestelle für Erwerbslose
Rottstr. 31
44793 Bochum
Telefon (02 34) 46 01 69
Telefax (02 34) 46 01 13
sozialberatung@sz-bochum.de
http://www.sz-bochum.de/content/view/82/89

- **Ev. Beratungsstelle für Arbeitslose mit Initiative »Werkschlag« in Bochum**
Laerstr. 11
44803 Bochum
(Altenbochum/Liebfrauenstr.)
Telefon (02 34) 35 00 91

- **AG auspAK**
Arbeitsgemeinschaft arbeitsmarkt- und sozialpolitischer Arbeitskreise e. V.
Bahnhofstr. 22
19258 Boizenburg/Elbe (Mecklenburg-Vorpommern)
Telefon (03 88 47) 3 32 07
Telefax (03 88 47) 3 32 08
ag-auspak@web.de, Homepage
http://www.neugierig-machen-auf-wissen.de/Richtlinien%20im%20
20Landkreis%20LWL.htm

- **Erwerbslosen Forum Deutschland (bundesweit)**
Pressesprecher:
Martin Behrsing
Schickgasse 3
53117 Bonn
Telefon (02 28) 2 49 55 94
und   (0160) 99 27 83 57
Telefax (0180) 5 03 90 00 39 46
info@erwerbslosenforum.de
http://www.erwerbslosenforum.de

- **Notruftelefon Bonn**
Telefon (02 28) 4 22 49 42

- **Linkspartei.PDS in Dortmund**
Beratung zu ALG II und KdU
Telefon (02 31) 9 86 86 60
Di. von 10–13 Uhr im Büro der Linkspartei.PDS
Münsterstr. 141
44145 Dortmund

- **AG Arbeit und Armut in Hamburg**
AG Arbeit & Armut WASG/L-PDS
Telefon (0 40) 3 89 21 64
Mo., Mi., Do. von 15–18 Uhr, Di. und Fr. von 12–17 Uhr
Wolfgang Joithe
Sprecher AG Arbeit und Armut in Hamburg
Telefon (0 40) 65 72 00 58
ag-arbeit@linkspartei-hamburg.de
http://www.wasg-hh.de/stadt/arbeitsgruppen/agarbeitundarmutinhh/
agarbeitundarmutinhh.php

- **Tacheles Wuppertal**
Luisenstr. 100
42103 Wuppertal
Telefon (02 02) 31 84 41
Telefax (02 02) 30 66 04
info@tacheles-sozialhilfe.de
http://www.tacheles-sozialhilfe.de

■ **S. E. I. aktiv –**
Sauerländer Erwerbslosen-Initiative
Armin Kligge
Thomees Kamp 17
58644 Iserlohn
Telefon (0 23 71) 2 94 08
und (0171) 4 40 37 72
Telefax (0 23 71) 2 76 19

B § 22 SGB II Leistungen für Unterkunft und Heizung[1]

(1) Leistungen für Unterkunft und Heizung werden in Höhe der tatsächlichen Aufwendungen erbracht, soweit diese angemessen sind. Erhöhen sich nach einem nicht erforderlichen Umzug die angemessenen Aufwendungen für Unterkunft und Heizung, werden die Leistungen weiterhin nur in Höhe der bis dahin zu tragenden Aufwendungen erbracht. Soweit die Aufwendungen für die Unterkunft den der Besonderheit des Einzelfalles angemessenen Umfang übersteigen, sind sie als Bedarf des allein stehenden Hilfebedürftigen oder der Bedarfsgemeinschaft so lange zu berücksichtigen, wie es dem allein stehenden Hilfebedürftigen oder der Bedarfsgemeinschaft nicht möglich oder nicht zuzumuten ist, durch einen Wohnungswechsel, durch Vermieten oder auf andere Weise die Aufwendungen zu senken, in der Regel jedoch längstens für sechs Monate. Rückzahlungen und Guthaben, die den Kosten für Unterkunft und Heizung zuzuordnen sind, mindern die nach dem Monat der Rückzahlung oder der Gutschrift entstehenden Aufwendungen; Rückzahlungen, die sich auf die Kosten für Haushaltsenergie beziehen, bleiben insoweit außer Betracht.

(2) Vor Abschluss eines Vertrages über eine neue Unterkunft soll der erwerbsfähige Hilfebedürftige die Zusicherung des für die Leistungserbringung bisher örtlich zuständigen kommunalen Trägers zu den Aufwendungen für die neue Unterkunft einholen. Der kommunale Träger ist nur zur Zusicherung verpflichtet, wenn der Umzug erforderlich ist und die Aufwendungen für die neue Unterkunft angemessen sind; der für den Ort der neuen Unterkunft örtlich zuständige kommunale Träger ist zu beteiligen.

(2a) Sofern Personen, die das 25. Lebensjahr noch nicht vollendet haben, umziehen, werden ihnen Leistungen für Unterkunft und Heizung für die Zeit nach einem Umzug bis zur Vollendung des 25. Lebensjahres nur erbracht, wenn der kommunale Träger dies vor Abschluss des Vertrages über die Unterkunft zugesichert hat. Der kommunale Träger ist zur Zusicherung verpflichtet, wenn

1. der Betroffene aus schwer wiegenden sozialen Gründen nicht auf die Wohnung der Eltern oder eines Elternteils verwiesen werden kann,

2. der Bezug der Unterkunft zur Eingliederung in den Arbeitsmarkt erforderlich ist oder

3. ein sonstiger, ähnlich schwer wiegender Grund vorliegt.

Unter den Voraussetzungen des Satzes 2 kann vom Erfordernis der Zusicherung abgesehen werden, wenn es dem Betroffenen aus wichtigem Grund nicht zumutbar war, die Zusicherung einzuholen. Leistungen für Unterkunft und Heizung werden Personen, die das 25. Lebensjahr noch nicht vollendet haben, nicht erbracht, wenn diese vor der Beantra-

---

[1] BGBl I Nr. 36 vom 25.7.2006, S. 1709.

gung von Leistungen in eine Unterkunft in der Absicht umziehen, die Voraussetzungen für die Gewährung der Leistungen herbeizuführen.

(3) Wohnungsbeschaffungskosten und Umzugskosten können bei vorheriger Zusicherung durch den bis zum Umzug örtlich zuständigen kommunalen Träger übernommen werden; eine Mietkaution kann bei vorheriger Zusicherung durch den am Ort der neuen Unterkunft zuständigen kommunalen Träger übernommen werden. Die Zusicherung soll erteilt werden, wenn der Umzug durch den kommunalen Träger veranlasst oder aus anderen Gründen notwendig ist und wenn ohne die Zusicherung eine Unterkunft in einem angemessenen Zeitraum nicht gefunden werden kann. Eine Mietkaution soll als Darlehen erbracht werden.

(4) Die Kosten für Unterkunft und Heizung sollen von dem kommunalen Träger an den Vermieter oder andere Empfangsberechtigte gezahlt werden, wenn die zweckentsprechende Verwendung durch den Hilfebedürftigen nicht sichergestellt ist.

(5) Sofern Leistungen für Unterkunft und Heizung erbracht werden, können auch Schulden übernommen werden, soweit dies zur Sicherung der Unterkunft oder zur Behebung einer vergleichbaren Notlage gerechtfertigt ist. Sie sollen übernommen werden, wenn dies gerechtfertigt und notwendig ist und sonst Wohnungslosigkeit einzutreten droht. Vermögen nach § 12 Abs. 2 Nr. 1 ist vorrangig einzusetzen. Geldleistungen sollen als Darlehen erbracht werden.

(6) Geht bei einem Gericht eine Klage auf Räumung von Wohnraum im Falle der Kündigung des Mietverhältnisses nach § 543 Abs. 1, 2 Satz 1 Nr. 3 in Verbindung mit § 569 Abs. 3 des Bürgerlichen Gesetzbuches ein, teilt das Gericht dem örtlich zuständigen Träger der Grundsicherung für Arbeitsuchende oder der von diesem beauftragten Stelle zur Wahrnehmung der in Abs. 5 bestimmten Aufgaben unverzüglich

1. den Tag des Eingangs der Klage,

2. die Namen und die Anschriften der Parteien,

3. die Höhe der monatlich zu entrichtenden Miete,

4. die Höhe des geltend gemachten Mietrückstandes und der geltend gemachten Entschädigung und

5. den Termin zur mündlichen Verhandlung, sofern dieser bereits bestimmt ist,

mit. Außerdem kann der Tag der Rechtsanhängigkeit mitgeteilt werden. Die Übermittlung unterbleibt, wenn die Nichtzahlung der Miete nach dem Inhalt der Klageschrift offensichtlich nicht auf Zahlungsunfähigkeit des Mieters beruht.

(7) Abweichend von § 7 Abs. 5 erhalten Auszubildende, die Berufsausbildungsbeihilfe oder Ausbildungsgeld nach dem Dritten Buch oder Leistungen nach dem Bundesausbildungsförderungsgesetz erhalten und deren Bedarf sich nach § 65 Abs. 1, § 66 Abs. 3, § 101 Abs. 3, § 105 Abs. 1 Nr. 1, 4, § 106 Abs. 1 Nr. 2 des Dritten Buches oder nach § 12 Abs. 1 Nr. 2, Abs. 2 und 3, § 13 Abs. 1 in Verbindung mit Abs. 2 Nr. 1 des Bundesausbildungsförderungsgesetzes bemisst, einen Zuschuss zu ihren ungedeckten angemessenen Kosten für Unterkunft und Heizung (§ 22 Abs. 1 Satz 1). Satz 1 gilt nicht, wenn die Übernahme der Leistungen für Unterkunft und Heizung nach Abs. 2a ausgeschlossen ist.

C Literatur

Allex, Anne (2006): Rede beim Aktionstag gegen Zwangsumzüge, Lohndumping und Hartz IV. Berlin-Neukölln, 28.4.2006. http://de.indymedia.org

Allex, Anne/Renger, Götz (2006): Zwangshaushalte und Erosion von Ehe und Familie. In: quer 3/2006.

Allex, Anne/Renger, Götz/Schweiger, Anton (2006): Licht und Heizung bleiben an – auch bei wenig Geld. Ratgeber. Eigenverlag. Berlin.

Arbeitslosenprojekt TuWas (Hrsg.) (2006): Leitfaden zum Arbeitslosengeld II. Der Rechtsratgeber zum SGB II. 3. Auflage. Stand 1.8.2006. Fachhochschulverlag. Frankfurt am Main, S. 169 ff.

Arndt, Fritz (2006): »Sozialpolitische Stiefeltreterpolitik«. In: IG Metall-Mitgliederzeitung »metall«, 5/2006.

BAG-SHI (2006): Ergebnisse des BAG-SHI-Bundestreffens. Eröffnungsplenum. In: BAG-SHI-Rundbrief 02-2006.

BAG Wohnungslosenhilfe e. V. (2006): »Große Koalition schließt Wohnungslose von Beschäftigungsförderung aus und droht mit Wohnungsverlust. Wohnungslosenhilfedachverband warnt vor Anstieg der Wohnungslosigkeit«. Pressemitteilung vom 31.5.2006. http://www.bag-wohnungslosenhilfe.de/index2.html

Beelte, Annedore (2006): »Vier von vier Bescheiden falsch«. In: taz Bremen vom 22.2.2006.

Bischoff, Katrin (2006): »Herr S. ist tot«. In: Berliner Zeitung Nr. 202, 30.8.2006.

Brecht, Bertolt (1997): »Über die Städte«. In: Die Gedichte von Bertolt Brecht in einem Band. Suhrkamp. Frankfurt am Main, S. 279.

Bruhn-Tripp, Jonny/Tripp, Gisela (2006): »Angemessene Unterkunfts- und Heizkosten für Mietwohnungen in ausgewählten Städten nach kommunalen Unterkunftsrichtlinien von A–Z«. In: Jonny Bruhn-Tripp/Gisela Tripp: Laufende Leistungen des Arbeitslosengeldes II für Mietwohnungen. Studie. Dortmund, Februar 2006.

Büchner, Georg (1834): Der Hessische Landbote. Darmstadt, im Juli 1834. Philipp Reclam jun. Stuttgart, 1957.

Bundesministerium der Finanzen (2004): Bericht über die Höhe des Existenzminimums von Erwachsenen und Kindern für das Jahr 2005 (Fünfter Existenzminimumbericht). Monatsbericht des BMF 02.2004.

Bundesministerium der Finanzen (2006): Bericht über die Höhe des Existenzminimums von Erwachsenen und Kindern für das Jahr 2008 (Sechster Existenzminimumbericht). Monatsbericht des BMF 11.2006.

Claus, Frieder (2003): Neue Wohnungsnot in Baden-Württemberg?
http://www.forum-sozialhilfe.de/downloads/forumsh121.pdf?PHPSES-SID=3a51063203023babca77c508c1a8a5dd

Courant, Sandra/Labenski, Helga (2006): »Schärfere Kontrollen von Arbeitslosen«. In: Berliner Morgenpost vom 20.8.2006.
http://www.morgenpost.de/content/2006/08/20/berlin/848689.html

Diederich, Ellen (2005): Rede zur »Aktion gegen Zwangsumzüge im Rahmen der Anwendung der asozialen Hartz-Gesetze«. Oberhausen, 12.9.2005.
http://www.arbeiterfotografie.com/galerie/reportage-2005/index-2005-09-12-oberhausen-aktion-gegen-zwangsraeumung-text.html

Diederich, Ellen (2006): »Wohnst Du noch in Deiner Wohnung oder bist Du schon beim Umzug?« Rede bei der Pressekonferenz gegen Zwangsumzüge. Berlin, 20.3.2006.
http://www.bo-alternativ.de/Ellen.htm

Dohle, Christian (2005): »Nur noch 2.000 Alg-II-Haushalte erhalten blauen Brief«. In: Weserkurier vom 25.11.2005.

Eiserhardt, Klaus H. (o. J.): Baubiologisches Büro Dr. Eiserhardt.
http://www.guteorte.de

FAZ.NET (2006): »In ungeheizter Wohnung erfroren«. In: FAZ.NET. Aktuell/Gesellschaft/ Hintergründe vom 24.1.2006.
http://www.faz.net/s/RubCD175863466D41BB9A6A93D460B81174/Doc~EF07B8E70BC2140DBBAD3DC92BBCCE555~ATpl~Ecommon~Sspezial.html

Finanztest (2005): »Auf Hartz und Nieren«. In: Finanztest 11/2005, S. 16.

Finkbeiner, Frank (2006): »Bochum: Countdown zum Massenumzug? ALG II-Empfänger sollen Wohnkosten senken«. In: wdr.de vom 25.1.2006.
http://www.wdr.de/themen/politik/deutschland/hartz/060125.jhtml?rubrikenstyle=politik

Frankfurter Rundschau (2006): »345.000 Obdachlose bundesweit«. In: Frankfurter Rundschau vom 24.6.2006.

Frielinghaus, Jana (2006): »Mobbing und Schikane. Berliner Notruftelefon gegen Zwangsumzüge zieht Bilanz nach drei Monaten Beratung«. In: Junge Welt vom 6.7.2006. http://www.jungewelt.de/2006/07-06/048.php

GAB-Perspektive für Arbeitslose/Widerspruch e. V./Sozialpfarramt der Evangelischen Kirche (Hrsg.) (o. J.): Aktion »Zwang zum Wohnungswechsel wegen Alg II«. Flugblatt.

Gegenwind (2005): »Ende der Schonzeit. Kommt bald das große Umziehen?« In: Gegenwind – Wilhelmshavener Zeitung für Arbeit, Frieden, Umweltschutz. 206, März 2005. http://www.gegenwind-whv.de/a20608.htm

Göttinger Tageblatt (2005): »Teure Wohnungen«. In: Göttinger Tageblatt vom 22.11.2005.

Grüner, Guido (2006): Protokoll der AG Rechtsdurchsetzung. BAG-SHI-Bundestreffen 2006. In: BAG-SHI-Rundbrief 02-2006.

Gude, Sigmar (2005): Sozialstruktur und Lebensverhältnisse der Hartz IV-Bezieher in Kreuzberg. Studie von TOPOS Stadtplanung Landschaftsplanung Stadtforschung. Berlin, Mai 2005. http://www.tacheles-sozialhilfe.de/Aktuelles/2005/Unterkunftskosten.html

Hermann, Norbert (2006): Rede bei der Demonstration gegen Zwangsumzüge. Bochum, 18.5.2006.

Herrmann, Klaus Joachim (2006): »Trotz Hartz IV im Kiez geblieben«. In: Neues Deutschland vom 24.5.2006.

Hoffmann, Aichard (2006): Rede bei der Demonstration gegen Zwangsumzüge. Mieterverein Bochum, 18.5.2006.

Holm, Andrej (2005): »Hartz IV im Mietspiegel. Welche Wohnungen stehen Alg II-Beziehenden nach dem neuen Mietspiegel 2006 zur Verfügung?« In: Mieterecho Nr. 311, August 2005.

Husch-Husch (2006): Keine Stallpflicht für junge Erwerbslose. Aktionstag gegen die Hartz IV-Stallpflicht für junge Erwerbslose! Rathaus Wuppertal-Barmen, 23.02.2006. http://de.indymedia.org/2006/02/139707.shtml

Jobst, Tom (2006): »Amtsarzt untersucht Hartz-4-Betroffene«. http://www.bo-alternativ.de

Joithe, Wolfgang (2006): »Hartz IV. Wohnst Du noch oder ... Zwangsumzug?« Pressemitteilung der AG Arbeit und Armut in Hamburg. Die Linke.PDS/WASG, März 2006.

Kampagne gegen Zwangsumzüge (2006): Pressemappe für die Pressekonferenz gegen Zwangsumzüge in der Gaststätte »Cum Laude«. Berlin, 5.7.2006. http://www.gegen-zwangsumzuege.de/presse/pressemappe050706.pdf

Kirbach, Roland (2006): »Wenn der Investor klingelt. Aus der Traum vom humanen Wohnen für alle. Mit dem Verkauf von Millionen Sozialwohnungen an internationale Fonds verraten deutsche Städte ein Jahrhundertwerk«. In: DIE ZEIT vom 5.1.2006. http://www.zeit.de/2006/02/Wohnungen_Head

Kirchhoff, Bernd/Höxtermann, Martin (2005): »ARGE macht Druck auf Hartz-IV-EmpfängerInnen. Arbeitslose müssen in kleine Billig-Wohnungen umziehen«. In: Stattzeitung für Südbaden. August/September/Oktober 2005, S. 30.
http://www.stattweb.de/baseportal/ArchivDetail&db=Archiv&Id=73

Knake-Werner, Heidi (2006): Rede bei der Veranstaltung des Selbsthilfevereins der Geringverdienenden und Erwerbslosen in Pankow e. V. im Kulturhaus Peter Edel. Berlin, 13.3.2006.

Kölner Stadt-Anzeiger (2006): »ARGE muss Wohnungsmarkt genauer prüfen«. In: Kölner Stadt-Anzeiger vom 21.4.2006.
http://www.ksta.de/html/artikel/1144673368786.shtml

Kohrt, Wolfgang (2006): »Abgestiegen«. In: Berliner Zeitung vom 16.8.2006, S. 3.

Kommunales Bildungswerk e. V. (Hrsg.): Fortbildungsangebot Dezember 2005 bis Juni 2006 – mit Ausblick auf das zweite Halbjahr 2006. Berlin.

Lange, Ernst (2006): »Linke Einblicke«. Informationen der PDS-Ratsfraktion in Bochum, März/April 2006.

Laubenburg, Frank (2006): »Klatsche für die ARGE. Menschenverachtende Zwangsumzüge müssen beendet werden«. Presseerklärung der Partei Die Linke.PDS vom 2.5.2006.
http://sozialistinnen.de/politik/kommunal/texte_kommunen/view_html?zid=32605&bs=1&n=6

Lavall, Henner (2006): »Gericht stoppt Anstieg der Gaspreise. Anhebung der Tarife in Berlin vom Oktober 2005 teilweise unwirksam. Gasag kündigt Berufung an«. In: Berliner Morgenpost vom 20.6.2006.
http://www.morgenpost.de/content/2006/06/20/wirtschaft/836420.html

LPK-BSHG (2003): Bundessozialhilfegesetz. Lehrkommentar und Praxiskommentar. 6. Auflage. Nomos Verlagsgesellschaft. Baden-Baden.

Mattern, Philipp (2006): »Mit der Notrufnummer gegen Wohnungskummer. Die ›Kampagne gegen Zwangsumzüge‹ sitzt in den Startlöchern«. In: berliner stadtzeitung scheinschlag, Ausgabe 04 - 2006, S. 4.
http://www.scheinschlag.de/archiv/2006/04_2006/texte/16.html

meinberlin.de (2006): »Bislang erst 55 Zwangsumzüge«. In: meinberlin vom 6.7.2006.
http://www.meinberlin.de/nachrichten_und_aktuelles/32577.html

Mencke, Helmut (2006): Das Wohnungsunternehmen als Schnittstelle – im Vergleich Land Berlin und Land Brandenburg, Mietersozialdienst West und City BSW Gemeinnützige Siedlungs- und Wohnungsbaugesellschaft Berlin mbH auf dem Seminar der Berlin-Brandenburgischen Akademie der Wohnungs- und Immobilienwirtschaft e. V. Berlin, 22.8.2006.

Mertens, Christel (2006): »Kölner Montagsdemo-Initiative ruft auf zur Demonstration. Gegen Zwangsumzüge und Wohnraumzerstörung«. In: Neue Rheinische Zeitung vom 31.1.2006. http://www.nrhz.de/flyer/beitrag.php?id=1250

Münder, J. (Hrsg.) (2005): Sozialgesetzbuch II. Grundsicherung für Arbeitssuchende. Lehr- und Praxiskommentar. Nomos Verlagsgesellschaft. Baden-Baden.

Näger, Doris (2006): »Ermittlungen am unteren Rand«. In: Süddeutsche Zeitung vom 27.7.2006, S. 3.

Neue Presse (2005): »Hartz IV-Schock für 10.000 Mieter. Jeder zehnte Hilfeempfänger in der Region Hannover wohnt zu teuer«. In: Neue Presse vom 28.9.2005.

Neuköllner Hartz IV-Betroffene (2006): Rede beim Aktionstag gegen Zwangsumzüge, Lohndumping und Hartz IV. Berlin-Neukölln, 28.4.2006. http://de.indymedia.org/2006/04/145066.shtml

Nowak, Peter (2006a): Kein Umzug unter dieser Nummer. In: Telepolis vom 21.3.2006. http://www.heise.de/tp/r4/artikel/22/22300/1.html

Nowak, Peter (2006b): »Hunderte Anrufe bei Anti-Hartz-Kampagne Zwangsumzüge offenbar weit verbreitet«. In: Neues Deutschland vom 11.4.2006.

Nowak, Peter (2006c): »Berliner Hartz-IV-Regelungen schützen nicht vor massenhaften Zwangsumzügen«. Interview mit Sigmar Gude. In: Linkszeitung vom 3.9.2006.

Ochs, Jutta (2006): »Frankfurt schickt Hartz-IV-Kontrolleure aus«. In: Frankfurter Rundschau vom 3.8.2006.

Paul, Ulrich (2006a): »Auszug West. Wohnungsverband BBU warnt: Sozialbauten oft zu teuer/Häuser im Ostteil besser modernisiert«. In: Berliner Zeitung vom 24./25.5.2006, S. 23.

Paul, Ulrich (2006b): »Eine ganze Großstadt steht leer«. In: Berliner Zeitung vom 24./25.6.2006, S. 27.

Pomrehn, Wolfgang (2006): »Wohnraum verteidigen. Durch Hartz IV droht Tausenden Erwerbslosen der Zwangsumzug. Basisinitiativen organisieren Beratung und Widerstand«. In: Junge Welt vom 3.6.2006, S. 3. http://www.jungewelt.de/2006/06-03/012.php

Prodan, Angela (2006): Sozialarbeit in 1 1/2 Jahren Hartz IV. Eine persönliche Bilanz. Berlin, Juni 2006. http://www.labournet.de/diskussion/arbeit/realpolitik/hilfe/prodan.pdf

Rekittke, Volker/Becker, Klaus Martin (1995): Politische Aktionen gegen Wohnungsnot und Umstrukturierung und die HausbesetzerInnenbewegung in Düsseldorf von 1972 bis heute. Diplomarbeit. Düsseldorf, 17.11.1995. http://squat.net/archiv/duesseldorf/index.html

Remmers, Ingrid (2006): Rede im Vorbereitungskreis der Demonstration gegen Zwangsumzüge. Bochum, 18.5.2006.

Richter, Christiane (2006): »Nur ein Umzug wurde angeordnet«. In: Berliner Zeitung vom 24./25.5.2006, S. 19.

Richter, Wera (2006): »›Korrekte Zahlen sind nicht gewollt‹. Berliner Senat spielt Ausmaß von Zwangsumzügen herunter. Netzwerk informiert und berät Betroffene. Ein Gespräch mit Bernd Wagner«. in: Junge Welt vom 19.6.2006, S. 2.

Rote Fahne (2006): »Montagsdemonstration greift Zwangsumzüge an«. In: Rote Fahne, Wochenzeitung der MLPD, vom 15.5.2006.
http://www.rf-news.de/rfnews/aktuell/Politik/article_html/News_Item.2006-05-17.5050

Rother, Richard (2006): »Behörden heizen Joblosen ein. Kampagne gegen Zwangsumzüge kritisiert Hartz-IV-Behörden: Immer mehr Langzeitarbeitslose hätten Angst, ihre Wohnung zu verlieren, weil diese zu teuer sei. Sozialverwaltung dementiert«. In: taz Berlin vom 6.7.2006, S. 15.

RP Online (2006): »Hartz IV: Was Wohnen in Deutschland kostet«. In: RP Online vom 2.8.2006. http://www.rp-online.de/public/home

Ruhr Nachrichten (2006): »Mieterverein rechnet mit Hunderten von Zwangsumzügen«. In: Ruhr Nachrichten vom 25.1.2006. Zitiert nach: Sozialforum Dortmund.
http://zope1.free.de/sofodo/themen/erwerbslosigkeit/alg-2/mieterverein-rechnet-mit-hunderten-von-zwangsumzuegen

Schnappschuss (2006): Aufforderungen zur Unterkunftskostensenkung führen zu Aushungerung, zwangsweisem Um- oder Auszug – Überblick Bundesrepublik Deutschland und Land Berlin (Kurzfassung). Politikberatung Anne Allex, Straße der Pariser Kommune 43, 10243 Berlin. Pressekonferenz der Kampagne gegen Zwangsumzüge in Berlin, 20.3.2006.

Schneider, Ulrich (2006): Rede des Sprechers des AK Erwerbslose bei der IG-Metall bei der Demonstration gegen Zwangsumzüge. Bochum, 18.5.2006.
http://www.bo-alternativ.de/Ulrich-Schneider.htm

Schumann, Werner (1987): Zille sein Milljöh. Fackelträger Verlag GmbH. Hannover.

Senatsverwaltung für Gesundheit, Soziales und Verbraucherschutz Berlin (2005): Ermittlung angemessener Kosten für Wohnungen gemäß § 22 SGB II. Rundschreiben I Nr. 14/2005 vom 17.6.2005. I C 2/I C 12 (928) 2936/2009.

Senatsverwaltung für Stadtentwicklung Berlin (Hrsg.) (2005): Der Berliner Wohnungsmarkt. Bericht 2005.
http://www.stadtentwicklung.berlin.de/wohnen/wohnungsmarktbericht/pdf/wohnungsmarktbericht_2005.pdf

Solidarische Hilfe e. V. (Hrsg.) (2005): »Druck machen! – Sonst ist die Bude kalt und der Kühlschrank leer«. Flugblatt zur Kundgebung in Bremen am 24.11.2005.
http://www.sozialplenum.org/Zwangsumzuege/index_z.htm

Stadt Neumünster (2005): Verwaltungsvorschrift der Stadt Neumünster über Gewährung von Leistungen für Unterkunft und Heizung bei der Hilfe zum Lebensunterhalt, der Grundsicherung im Alter und bei Erwerbsminderung und beim Arbeitslosengeld II. Anlage zu TOP 10 der LG. 16.2.2005.

stern.de (2006): »Dresden – Ausverkauf der städtischen Wohnungen«. In: stern.de vom 9.3.2006.
http://www.stern.de/wirtschaft/immobilien/:Dresden-Ausverkauf-Wohnungen/557448.html

Sträßer, Theo (2006): »Ausverkauf der LEG-Wohnungen«. Flugblatt des Gesamtbetriebsratsvorsitzenden der LEG NRW GmbH in Düsseldorf vom 2.3.2006.

taz (2005): »Arme können einpacken«. In: taz vom 25.6.2005.

Vogel, Dagmar (2005): »Die soziale Grundsicherung muss armutsfest sein«. Rede im Rat der Stadt Oberhausen zur Großen Anfrage der CDU zum Thema »Hartz IV« am 12.9.2005.
http://www.arbeiterfotografie.com/galerie/reportage-2005/index-2005-09-12-oberhausen-aktion-gegen-zwangsraeumung-text.html

Witte, Naomi-Pia (2006): »Die Wohnungssituation für Hartz IV-Empfänger in Leipzig«. Pressemitteilung der Sprecherin der AG »Soziale Politik« in und bei der Linkspartei. PDS Leipzig. März 2006.

Wormser Zeitung (2005): »Miete 500-mal zu hoch«. In: Wormser Zeitung vom 26.8.2005.

Friede den Hütten, Krieg den Pallästen!

Georg Büchner
Der Hessische Landbote
Darmstadt, im Juli 1834